中层不卑微
把"摸鱼"下属变成精英

行動科学で成果が上がる組織をつくる！
〈チーム編〉教える技術

[日] 石田淳 著
赵艳华 译

中国科学技术出版社
·北 京·

北京市版权局著作权合同登记 图字：01-2024-2660

图书在版编目（CIP）数据

　　中层不卑微：把"摸鱼"下属变成精英 /（日）石
田淳著；赵艳华译 . -- 北京：中国科学技术出版社，
2025. 1. -- ISBN 978-7-5236-1121-0
　　Ⅰ . F272.91
　　中国国家版本馆 CIP 数据核字第 20249ZE635 号

策划编辑	李　卫		责任编辑	李　卫
封面设计	东合社		版式设计	蚂蚁设计
责任校对	吕传新		责任印制	李晓霖

出　　版	中国科学技术出版社
发　　行	中国科学技术出版社有限公司
地　　址	北京市海淀区中关村南大街 16 号
邮　　编	100081
发行电话	010-62173865
传　　真	010-62173081
网　　址	http://www.cspbooks.com.cn

开　　本	880mm×1230mm　1/32
字　　数	95 千字
印　　张	5.75
版　　次	2025 年 1 月第 1 版
印　　次	2025 年 1 月第 1 次印刷
印　　刷	大厂回族自治县彩虹印刷有限公司
书　　号	ISBN 978-7-5236-1121-0/F・1329
定　　价	59.00 元

前　言

所有成果都是行为的积累。

"我的团队业绩表现不尽如人意。"

"怎样才能打造出全员都是高手的团队？"

"身为领导者，不知道怎样做才能提高团队的业绩表现。"

在阅读本书的读者当中，相信很多人都因为这些问题感到头疼。

把性格、价值观、成长背景各不相同的人团结在一起，为了部门或团队的目标而共同努力，这的确不是一件简单的事情，但也并非困难到只有少数优秀管理者才能做到。

如果你想改变团队中所有人的性格，让他们更积极向上，或者改变所有人的价值观，让他们把工作放到第一位，以此来达成团队目标，那的确非常困难，甚至几乎是无法实现的。

而且这也并不是领导者的工作。

为什么呢？因为团队的业绩是建立在团队成员行为的基

础上的，是他们行为的积累。说到底，能否取得成果，重要的是看每个团队成员的"行为"，这与他们每个人的性格或者价值观毫无关系。

我再重复一遍，所有成果都是行为的积累。

参加马拉松比赛，只能连续几个小时一步一步跑下来；做一道菜则是通过拌、烤、炒、调味等一系列行为来完成的。

企业管理也同样如此，没有一个一个员工的行为，公司就无法取得任何成果。其实仔细想来，这个道理是显而易见的，但令人惊讶的是，很多领导者却没有意识到这一点。

如果结果不尽如人意，或者业绩不如预期，那就改变员工的行为，直至获得你想要的结果为止。

如果员工做错了，那就按照你期望的那样去纠正他的行为。如果他们的行为无助于提高业绩，那就告诉他们具体要怎么做，并且敦促他们去执行。

符合你期待的行为越多，结果必定会越好。

以做菜为例，如果因为菜块切得大小不一导致炒菜时有的生、有的熟，那就改变一下做法。原来切菜时不在意菜块大小，现在就把菜切得一样大。如果因为在烤肉之前没有热锅导致肉不够入味，那就告诉他，在烤肉之前一定要把锅热好。把方法教给他之后，让他再做一次，相信他肯定会做得更好。

所以，行为发生变化了，结果必定随之改变。

那么在管理下属时，上司怎样做才能保证下属的行为能够一直让自己满意，能够取得成果呢？

这就是我倡导的"行为科学管理"中最重要的课题。

"让你感到满意的行为"无法持续下去，原因只有两点。

● 下属不知道要怎么做

● 下属不知道要怎么做下去

我的上部作品《带人的技术：不懂带人你就自己做到死》中具体介绍了如何帮助下属和新员工做好这两点。

这本书很幸运地得到了包括企业管理人员、团队领导，甚至教育工作者和家长在内的许多人的大力支持。

我现在在日经 BP 社^①主办的"主管讲堂"^②中担任讲师，在那里我有很多机会与不同企业的中层管理者交流。

好几位中层管理者问我："《带人的技术：不懂带人你就

---

① 日本的出版社，隶属于日本经济新闻集团。——译者注
② 日经 BP 社主办的系列讲座。——译者注

自己做到死》教给我们怎样培养一个好下属，但是怎样做才能带好一个团队呢？"

这个问题抛出后，在场的其他学员也都频频点头，他们也想知道答案。

由此，我起念为《带人的技术：不懂带人你就自己做到死》续写一部，也就是现在这本书，并且将重点放在如何打造团队上。

领导者不需要非凡的魅力或天分

我提出的"行为科学管理"是一种基于"行为分析学"的管理方法，是对人类行为的科学研究。从行为分析学中得出的众多规律和准则都是建立在大量实验基础之上的，它是科学的。

众所周知，"科学"的一大特点就是"可再现性"。

比如小学科学课中的在过氧化氢溶液中加入二氧化锰的实验，无论谁、无论什么时候、无论在哪里做这个实验，结果肯定都会产生氧气，这就是"可再现性"。

如果一位研究人员发表了一篇论文，指出"这个实验得到了这样的结果",但是其他研究人员使用同样的方法,采取相同的步骤,却无法得到相同的结果,那么这篇论文就不具有科学上的"可再现性"。

换句话说,通过科学的步骤发现的规律,无论是谁、无论什么时候、无论在哪里,都会得到相同的结果,这就是"行为科学管理"与"严重依赖个人能力的普通管理"之间的最大区别。

因此,本书介绍的方法适用于所有人,无论你是新手领导,还是不善言辞的领导都没有关系。当然,你也不需要拥有非凡的个人魅力和出众的能力。

"对任何人都有效"不仅仅只针对教下属做事的领导者,它同样适用于身为学习者的团队成员,任何人都可以学习这种方法。

你的下属无论是宽松世代[①]、比自己年长的人,抑或是外国人,这种方法都同样有效,而且不分性别,男性、女性都可以学习。按照本书教给你的方法去做,肯定能在短时间内

[①] 通常指的是日本 1987—2004 年出生,接受宽松教育方法,重视个性的一代人。——译者注

带好你的团队，让你的团队更有活力。

职场中存在两种类型的沟通

在之前介绍的"主管讲堂"中，学员还经常问到一个问题，那就是职场中的沟通问题。

我们生活在这样一个时代：商业环境在短时间内发生巨大变化，领导者必须带领那些工作价值观与以往完全不同的下属们，迅速、扎实地取得成果。因此，越来越多的领导者在沟通方面遇到困难也就不足为奇了。一项调查显示，有80%以上的管理人员在沟通方面都有问题。

当我问管理者们"那么你认为应该怎样改善与下属的沟通"时，他们给出了五花八门的答案，比如"这个太头疼了""和下属讲话时得察言观色""你讲的东西要让对方乐在其中，这一点可能比较重要"，等等。

沟通这个词过于抽象，我们可以这样理解，也可以那样理解。但是，职场中所需要的沟通其实非常简单，只有两种类型。

第一种类型是"为了工作业绩的沟通"。

它指的是以业绩为导向的沟通，即为了完成个人工作目标、团队目标，进而实现公司目标等直接与工作目的相关的沟通，比如报连相[①]、会议，以及上司给下属的建议和评估等。

例如，要使"报连相"成为提高业绩的有力工具，领导者应该怎样下达指示、怎样听取下属的汇报、怎样做出反馈？要通过日常会议来帮助你的团队提高业绩，你应该怎样安排会议、怎样开这个会？你要怎样评估下属的工作、怎样给下属提建议才能有效实现团队目标？

职场所需沟通的第二种类型是"为了构建（维持）信任关系的沟通"。

要使第一种"为了工作业绩的沟通"更顺利，需要在上下级之间构建信任关系，这是基础。而第二种沟通正是为了构建并维持这种信任关系的"团队内部的沟通"。

团队内部的沟通顺畅了，成员之间才能建立起相互信任的关系，工作业绩也会随之得到提升。为什么这样说呢？其中的原因有很多，尤其值得注意的是以下几点。

[①] 日企职场用语，意思是汇报、联络、商量，分别指的是向上级汇报工作情况、在工作过程中将相关信息及时通知相关同事、遇到问题要与上级或同事讨论。——译者注

● 当下属信任上司时，行为科学管理中最重要的一环，即"通过表扬和认可，让下属继续按照你的要求做下去"的效果会更好。

● 信息得到进一步共享，信息不对称和问题隐瞒不报的情况大幅减少。

● 职场气氛更加活跃，工作环境更加友好。

这些变化带来的结果就是团队业绩稳步提升。

在此之前，我们对"沟通"一词的理解一直含混不清。但从今以后，在职场中我们可以只关注这两种沟通。

或许你不善言辞，或许你和下属不合拍，但是这些都没有关系，本书将教给你怎样把这些知识轻松应用到职场中。

如果你注意改善这两种沟通，你的团队的整体实力将得到显著提高。

与前作《带人的技术：不懂带人你就自己做到死》一样，本书也介绍了很多技巧和方法，它们都可以马上应用到工作中，你可以从书中任选一处开始阅读。

当然，你不必马上把所有内容都应用到职场中，可以每天阅读感兴趣的章节，一点一点去实践，哪怕只把一个新的知识应用好，你也能获得成就感。不断积累下来，你将变得更自信。然后你再学习掌握更高深的内容，改变管理方式，打造出自己的管理风格。

本书是你迈入成功管理者行列的第一步。

当然，即使你已经读完了本书，当你在打造或发展团队的过程中有任何疑问或问题，你仍然可以重新翻开本书，相信一定能从中发现解决问题的方法。

我衷心希望你的团队能发展得更好，希望你能从培养下属这件事中感受到乐趣，能发现培养人是一件如此令人愉快的事情。

行为科学管理研究所所长　石田淳

本书致力于打造的理想"团队领导者"和"团队"

当我们就职场中的领导者与领导力话题进行思考时，总是会问到一个问题，那就是"领导者（Leader）与管理者（Manager）之间有什么区别"。

这两个英文单词直译过来的话，领导者是"带头人"，管理者是"管理人"，所以他们还是有所不同的。

但是这二者都有一个相同的职责，那就是"制定工作战略来实现团队目标，最大限度地挖掘每个团队成员的能力，扎实地做出成果"。

此外，人们对领导者还有诸多其他要求，比如制定长期战略，参与创新挑战等，但是在这些要求中，我最看重的是"来自下属的信任"。如果没有做到这一点，领导者在前进的过程中就无法得到下属的支持。

那么，什么样的上司会得到下属的信任呢？对下属来说，可以信赖的上司必须满足两个条件，那就是"关注下属，了解下属的优势和劣势"，以及"认可下属，希望下属不断进步"。

看到这里，你可能会觉得自己做不到，难度有点高，但读完本书之后，你就会发现它一点都不难，任何人都可以从现在开始做起来。

作为一名领导者，你想要打造怎样的团队呢？

在打造和发展团队方面，本书最重视的是提高团队成员做事的"自发性"，换句话说，通过"提高自主行动的意愿"来提升工作业绩。

假如同样的工作，用两种不同的工作态度来完成。一种是"不想工作，但由于生活所迫不得不工作，上班摸鱼会被上司骂，所以只好应付一下"，这种工作态度是"不得不做"，即"have to do"；另一种是发现工作的价值，从工作中感受到快乐，这种工作态度是"想做"，即"want to do"。这两种不同的工作态度在工作表现上的差距有 4 倍之多。

我们再以孩子学习为例。

家长责骂孩子、逼迫孩子学习时，孩子去学习不是为了提高成绩，而是为了不挨骂，这就是"不得不做"。孩子对学习的要求只是不挨骂就行，这样自然无法提高成绩。

在工作中也是如此。如果下属处于"不得不做"的状态，那么他看到的不是工作目标，而是上司的脸色，所以他心里只会想"怎样才不会被领导批评"，而不是"怎样才能做出成绩"。这样自然不可能有好的工作表现。

所以作为上司，你要做的是，把一个被"不得不做"支配的团队转变为主动积极去做的团队，把一个"have to do"的团队变成一个"want to do"的团队。

你可能会这样想："把'不得不做'变成'想做'？改变一个人的性格是很难的吧？"

在行为科学管理中，我们认为，要把"不得不做"变成"想做"，不需要改变一个人的性格或思维方式，只需要提高他"行为的主动性"即可。

人类有共通的行为准则，利用好它，就能提高"行为的主动性"。

要把"不得不做"团队变成"想做"团队，关键是当下属的行为让你满意时，你要不吝赞美。无论是谁，只要自己的行为得到他人（尤其是信任的上司）的认可，他下次就会主动去做这件事。反过来说，如果自己的行为不被认可，那么他就不会继续做下去。

本书将告诉你怎样创造和维持"想做"的工作氛围，怎样让下属觉得自己的行为得到认可，让他从工作中感到愉悦，本书还会教给你具体操作方法，让你与下属的沟通更顺畅，让"报连相"和"会议"产生更好的效果。

此外，我还会在书中介绍一些受行为科学管理方法指导的管理形式，比如通过"短会"让下属把做得不错的事继续保持下去，通过"感谢卡"让你的团队更有活力等。

下属的业绩不佳时，不要责骂他，不要和他说"你给我好好做""给我拿出干劲"，而是把具体做法教给他，告诉他要怎样做才能出成果。当下属的行为让你满意时，你要表扬他、称赞他，让他继续保持下去。

这才是领导者应该做的事，这项工作非常重要，它能提高团队业绩，帮助下属成长。

目　录

第1章

要提高业绩，
上司应该做什么

01　怎样利用现有团队做出最好成绩

在现代商务活动中，客户的需求越来越多样化，业务的运营也越来越完善和复杂。在这一背景下，团队合作成为企业取得成功的先决条件。

在以前经济高速发展的时期，我们也经常讲团队和团队合作，但是它们强调的是"大家要和睦相处""要相互合作"的概念，团队的定位和要求与今天大相径庭。

那么究竟什么是"团队"呢？

在国内外的词典中稍作查找就会发现，"团队"指的是"为了特定目的而共同努力的两人或两人以上团体"。

团队除了是一个群体，它的成员还要为了共同目标而努力。对团队的这种解读不仅适用于商业领域，也同样适用于体育领域。

作为一名领导者，你的任务就是组织好团队，带领团队实现目标。你要制定战略，根据战略制定战术并下达指令，鼓励成员主动工作，为新人提供发展机会。在必备的工作技能方面，运动教练和企业主管有很多相似之处。

不过有一点两者大不相同，那就是在大部分职业运动队中，队员往往过剩，教练可以选择每场比赛的首发阵容，当他的王牌队员状态不佳时，还可以换上替补队员。

而在商业领域，很多企业都在裁员，员工人数并不充裕，现在的团队成员就是你的全部阵容。

我们必须思考怎样利用现有的人手做出成果，这才是你该做的事。

有一条“二八定律”，是由意大利经济学家维尔弗雷多·帕累托（Vilfredo Pareto）提出的。根据这一定律，整个社会收入的80%是由大约20%的高收入者创造的。由此可以认为，在企业中，占全部员工20%的业务强者创造了大部分业绩。

当然，这个定律并非放之四海皆准，但根据统计，大部分企业都或多或少存在这种倾向。

要提高团队的整体实力，团队领导需要关注的不是前

20% 的优秀员工，而是剩下的 80% 的"普通员工"。

用学校班级的例子来解释就很清楚了。在一个班级当中，20% 的优秀学生每次考试都能得到 85 分或 90 分，而 80% 的普通学生每次考试只能得到 40 分或 50 分。要想大幅提高班级整体成绩，应该把每一位普通学生的成绩提高 10 分，而不是把优秀学生的成绩提高 10 分。

前 20% 的优秀员工能够不断取得好成绩，得到上级和同事的好评，而其余 80% 的员工尽管努力了，却没有取得多少成果，所以鲜少得到表扬。

行为科学管理对于培养这 80% 的"普通员工"极为有效。这种管理方法将着眼点放在员工的"行为"上，而不是他们的工作成果上，它关注的是什么样的"行为"能带来好的结果。通过这种方式帮助你的团队在短时间内取得扎实的成果。

在全体员工中，能力普通的员工占比 80% 左右，如图 1-1 所示。如果在行为科学管理的指导下，这部分员工的工作水平得以提升，那么你领导的团队的整体实力必将得到提高。

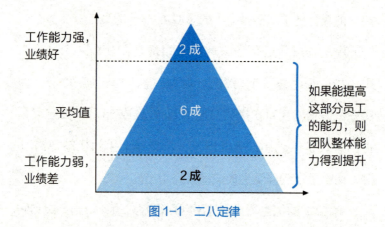

图 1-1 二八定律

02 成为"值得信任的上司"很容易

要想取得更多成果，团队成员必须不断去"行动"，而且这种"行动"必须是你所期待的且可以提高业绩的。

问题在于"坚持做下去"很难。

你可能也有过这样的经历，比如在培养健康习惯或者在学习某种外语时，尽管你想着"我一定要坚持下去"，但却很难做到。

行为科学管理使用一种叫作"强化"的方法，帮助你"坚持下去"。

人的行动总是遵循以下原则：如果一个人做了某件事之后，能立即得到好处，那么他就会主动重复这一行为。"强化"机制正是利用了这一原则。简单地说，就是给予奖励。

那么，当下属的行为符合你的期待时，应该怎样奖励他呢？

答案就是表扬和肯定。

如果下属的行为让上司满意，上司可以通过肯定他和表扬他来"强化"这种行为。这可以极大提高下属继续做下去的可能性，从而促进下属的成长，帮助团队做出成绩。

不过需要注意的一点是，并非任何人表扬下属都能取得同样的效果。

当然，只要去表扬下属，他的"行为"都会得到"强化"。但是，正如我在上一本书中所写，如果表扬和肯定你的人是你信任的上司，那么效果就会好得多。如果你信任你的上司，你不仅会怀着"希望得到表扬和认可"的心情努力工作，而且会迅速接受他的指导和建议。

那么，"值得信任的上司"是怎样的人呢？

是有人情味、胸怀宽广的人？是有领袖气质的人？是英姿飒爽的人？不，这些都是个人的喜好，并不具备普遍性。而对所有团队成员都适用的"值得信赖的上司"需要满足的条件有两个：

一是关注你，知道你所有长处和短处的上司；

二是认可你，希望看到你成长的上司。

　　在我看来，满足以上两点，就是"值得信赖的上司"。因此，你不必非要成为大众瞩目的"理想上司"或具有非凡魅力的领导者，你只需把精力放在好好了解每一位下属身上即可。

　　这很简单，谁都可以马上做起来。要做好这件事，从现在开始你要做到以下两点。

　　第一，针对每位下属，分别写出他们的两个优点或者在工作中值得表扬之处。

　　或许有人会想："下属的缺点我能想到好几个，但是优点的话……"如果你看不到他的优点，不知道"他擅长某某事"或者"她最近有能力做某某工作了"，那么你就无法很好地下达指令，管理好团队。

　　如果你了解每位下属的长处和优势，那么你对他们说话的方式，以及听他们说话时所关注的内容自然就会发生变化。

　　第二，和下属打招呼的时候称呼他的名字，例如"早上好，某某""某某，辛苦了"。

　　我们说过，领导要认可下属做的事情，而且要表扬他，打招呼就是最基本的一点，这表明"你肯定了他的存在"。

　　你要怀着"和你一起工作很开心""感谢你今天来上班"的心情，称呼他们的名字，和他打招呼。

这虽然是一件微不足道的小事，但日积月累下来，下属就会对你产生信任感。表1-1、1-2对理想的社长和上司进行了排名。

表1-1　理想的社长（前三名）

排名	调查对象	所占比例（%）
1	塔摩利（日本搞笑艺人）	23.5
2	所乔治（日本创作型歌手、演员）	16.0
3	史蒂夫·乔布斯	16.0

表1-2　理想的上司（前三名）

排名	调查对象	所占比例（%）
1	天海佑希（日本女演员）	23.0
2	堺雅人（日本男演员）	21.5
3	阿部宽（日本男演员）	21.0

注：表中用名人来比喻理想的社长和上司。

行为科学管理认为，上司对下属的表扬和肯定是管理的核心，但是当上司认为下属的行为不当，需要改进的时候，他应该批评下属，或者为他指出需要改进的地方（图1-2）。

如果你是一位值得信赖的上司，那么即使下属被你批评，被你指出需要改进之处，他也会积极接受你的意见，因为他知道"这一切都是为了帮助我成长"。

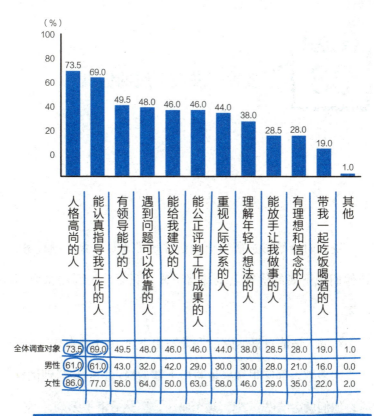

	人格高尚的人	能认真指导我工作的人	有领导能力的人	遇到问题可以依靠的人	能给我建议的人	能公正评判工作成果的人	重视人际关系的人	理解年轻人想法的人	能放手让我做事的人	有理想和信念的人	带我一起吃饭喝酒的人	其他
全体调查对象	73.5	69.0	49.5	48.0	46.0	46.0	44.0	38.0	28.5	28.0	19.0	1.0
男性	61.0	61.0	43.0	32.0	42.0	29.0	30.0	30.0	28.0	21.0	16.0	0.0
女性	86.0	77.0	56.0	64.0	50.0	63.0	58.0	46.0	29.0	35.0	22.0	2.0

通过互联网对 200 名新员工进行调查，从整体上看，73.5% 的人认为理想上司是"人格高尚的人"，69.0% 的人认为理想上司是"能认真指导我工作的人"。

图1-2　新员工眼中的理想上司形象

资料来源：包括图表在内，资料均来自MACROMILL公司[①]的调查，调查时间为 2014 年 5 月 10 日至 12 日。

[①]　日本一家市场调查公司。——译者注

03 要善于发现下属的优点

　　我有时会给参加研讨会或研修班的学员布置一项任务，让他们把下属的优缺点全部写下来，只要能想到的都要写出来。

　　有的人沾沾自喜地说："我能写出下属 10 个缺点来。"

　　大多数人都能很轻松地写出下属的缺点，但是写到优点时，他们就会嘀咕："嗯，这个嘛……"然后束手无策，不知如何下笔。

　　这种状况似乎是不可避免的，因为我们总是习惯于看到他人的缺点。

　　养育孩子的父母们就是最好的例子。

　　在孩子还是婴儿的时候，他们眼里只有自己的孩子，在他们看来"我的宝宝学会这个了，学会那个了，太棒了""我的宝贝怎么那么可爱呢"。但当孩子进入托儿所或幼儿园之后，父母开始将自己的孩子与周围的孩子做比较，于是逐渐注意到自己孩子的不足之处，比如"我的孩子动作比其他孩子慢""别人家孩子已经识字了，我家孩子连认字的兴趣都没有"。

父母之所以盯着孩子的缺点，是因为他们希望保护好、培养好自己的孩子，尽可能去规避孩子技不如人带来的风险。

团队领导者可能也有类似的感受，所以他们习惯于看到下属的缺点。

尽管我们需要看到他人的长处，但很多人却养成了只看短处的习惯，因此我们必须有意识地改变自己的习惯，把"观察下属优点"的这一"行为"固定下来。

比如，拿出一周的时间，每天去观察下属，一旦发现他的优点，就把它记下来。

在做这件事的过程中，你会发现有的人优点很多，有的人没有几个优点。这时，你就把观察重点放在那些你没有发现太多优点的下属身上。

这种探寻下属优点的习惯不仅能帮助你管理团队，还能帮助你改善与下属之间的关系（图1-3）。

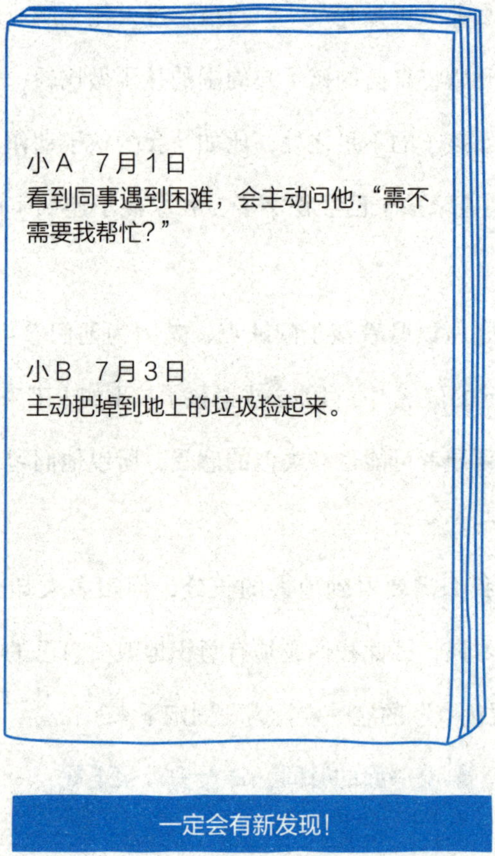

小 A　7 月 1 日
看到同事遇到困难，会主动问他："需不需要我帮忙？"

小 B　7 月 3 日
主动把掉到地上的垃圾捡起来。

一定会有新发现！

图 1-3　试着把下属的优点记下来

04 团队领导者不是权威

在思考职场沟通问题时，有一点必须牢记，那就是团队领导者不是权威。

我们常常会看到这样一些人，他们一旦被任命为领导，就错误地认为自己"拥有了权力""很了不起"。

他们脑袋里想的是"下属就是我的棋子，我想让他做什么，他就得做什么"。他们会命令下属"把工作进展详细地向我汇报，一切由我做主"，在开会时也是一言堂。

他们会和下属说"都过来喝一杯"，然后把下属召集到居酒屋里，指手画脚地告诉他们"我想这样、那样""你们都要按照我的想法去做"……

在这样的团队中，成员无法发挥出最佳水平，不能帮助团队实现目标，也无法得到锻炼和成长。没有人愿意在这样的团队中工作。

在现实生活中，很多人就像上文举出的例子那样，不自觉地认为"领导要比团队成员高一个段位"。

其实，所谓团队领导只是一个角色而已。就像销售部的员工中，有人负责开拓客户，有人负责在公司内部协助销售工作一样，你只不过是负责"领导团队"这项业务而已。

当然，团队有的时候需要上令下行。遇到紧急情况，必须马上行动起来时，领导要做出指示，"你来做这个""你去做那个"，下属必须无条件听从指令。

但是，平时应该尽可能保持组织管理的扁平化。这样做可以创造出一种和谐的职场环境，让每个成员都能够（并且愿意）主动开展工作，团队也会更加活跃。

第 2 章

行为科学管理的

基本观点

05 无须介意与下属"合拍"与否

我们在探讨上司与下属的沟通问题时，一定会遇到一个人们非常关注的点，那就是"合拍"的问题。

"不知为什么，我和小 A 就是合不来。"

"完全不知道他在想什么。"

"怎样才能让我们更合拍呢？"

其实说白了，与下属搞好关系并不是你的工作。

进而言之，你喜欢下属，抑或是不喜欢他们，这与一个职业团队领导如何带领团队毫无关系。

即使是团队领导，也不一定能轻易理解别人的感受，你不必为此感到焦虑。

归根结底，在与下属的关系中，你只需要做好两件事。那就是"支持帮助下属，让他们在工作中取得成绩"，以及

"帮助下属在工作中成长"。

"话虽如此，我还是不知道怎样和令我感到头疼的下属打交道……"

其实出现这种困难是由某种"感情"因素所致。

而根据行为科学管理的基本原理，"工作结果来自行为的累积"。既然下属只是工作伙伴，那么重点就应该放在"行为"上，而不是"感情"上（图2-1）。

你可以仔细观察你的下属，看看他在工作中哪里做得好。

比如"以前我总觉得他做事不行，没想到他的工作汇报还挺有说服力的""他可能不擅长在人前讲话，但是工作报告和工作邮件却总结得很好"。

像这样，如果你能发现下属值得肯定的行为，那么在你心中，下属就从"难相处的人"变成"重要的团队成员""你想培养的不可替代的人"。

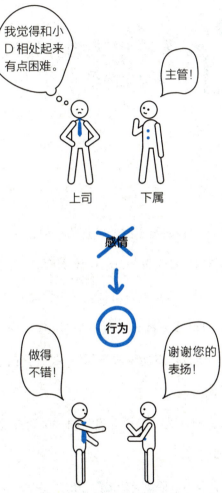

图 2-1　把注意力放在对方的行为上

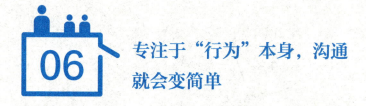

06 专注于"行为"本身，沟通就会变简单

很多人身为普通员工时非常优秀，但是一旦成为团队的管理者或领导者，就会发现自己在教导下属时常常束手无策。

对于那些技术人员或从事技艺工作的人来说尤其如此。

他们中的很多人都说"我不擅长沟通，没办法领导下属""我笨口拙舌，不能说服下属""我有自己的工作方法，这个教不了他们"。

这些人大概认为"能说会道"和"讲话有说服力"才是"出色的沟通能力"。

然而在企业中，最重要的沟通却是"能提升业绩的沟通"。

既然工作业绩是"行为的累积"，那么这里我们强调的重点仍然还是"行为"。

你无须口若悬河，侃侃而谈，讲话也不用声如洪钟，慷慨激昂。只要你能详细具体做出指示，告诉下属你希望他做什么，做什么能提高业绩和做出成绩就可以了。

比如，如果下属的销售业绩不佳，你不需要用"拿出干劲来"或者"我相信你能做到"这样的话来激励他，而是要告诉他怎样做才能完成业绩目标，也就是说，告诉他具体应该采取怎样的"行动"。

如果下属反驳你说"这种交货日期是不可能完成的"，那么你不要给他打鸡血、灌鸡汤，而是一起想想，可以采取什么"行动"来保证按时交货。如果实在做不到，那就告诉下属下一步应该怎么办，把具体"行动"给他列出来。

这里不需要语言多么流畅，也不需要话说得多么漂亮。

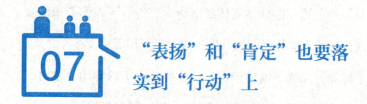

"表扬"和"肯定"也要落实到"行动"上

近年来，表扬和肯定作为一种管理技巧已经深入人心，不过有些人却对它们产生了一些误解。

当下属是异性或者比自己年长很多的人时，这种误解情况尤为明显（图2-2）。上司觉得"不管怎么说，表扬才是最重要的"，所以一直称赞对方的外在形象，比如"你的眼镜真不错""咦？你换发型了？太适合你了"，等等。

当然，如果偶尔这样做，下属会觉得上司在关注自己，但如果总是这样做，效果反而会适得其反。

其实你首先要表扬的仍然是他的"行为"。

行为科学管理的基本原则是，当员工的行为符合上司的期待，可以提高工作业绩时，上司要立即给予表扬。

除此之外，如果下属其他事情也做得不错，你也可以

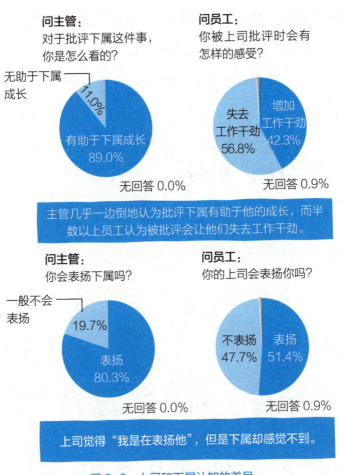

图2-2 上司和下属认知的差异

资料来源：公益财团法人日本生产本部"职场沟通问卷调查"，调查时间为 2012 年 6 月到 2013 年 3 月（主管 300 人，普通员工 539 人）。

表扬他，例如"某某打招呼时总是元气满满，真让人心情愉快""谢谢你帮忙整理备用品，这样用起来方便多了""你上网搜索的速度好快啊，下次也教教我"，等等。

这比夸他眼镜或发型好看更让他高兴，也更能激励他努力工作。

或许你不好意思去赞美一个人，但如果你赞美的是他的"行动"，就不会有什么压力了。

08 和下属打招呼时"量"比"质"更重要

　　要与团队成员建立信任关系，上司能做到的最简单的事情就是多与他们说话。

　　和下属说话，说什么并不重要，只要看着他们，对他们说些什么就可以了。

　　有的人可能会说："如果是这样，那我已经做得很好了。"而有的人可能会说："也许我做得还不够好……"说到底，这些都是凭感觉做出的判断。

　　遇到这种情况，行为科学管理主张计算"行动次数"。

　　在记事本中列出一张清单，写下所有团队成员的名字，清晨上班时你和下属说"早上好"，那就算一次，你要在清单中记一笔。

　　见到出外勤回到公司的下属，你和他说"你辛苦了"，再记一笔。在电梯里你问下属"孩子的感冒好了吗"，还要记一笔。当然，你和他谈工作更要记一笔。

这样连续几天之后，你会发现你与每个人交谈的次数是不均衡的。

无论是谁，都喜欢和一些人聊天，而不喜欢和另一些人聊天。虽然你没有特别意识到这一点，但你与他们聊天的次数自然会有所偏差。

而且，奇怪的是，你和他交流次数少并不意味着不喜欢他，这是我和许多上司聊过之后得出的结论。

不管怎样，如果你发现交流次数出现了偏差，那么下一步应该怎样做就显而易见了，你要多多接触那些与之交流少的下属。

"早上好""你真的很努力""工作中有什么困难吗"……没有人会因为上司对自己说这些话而感到不快。

当然，要注意不要打听下属的私事。

你经常和下属交流，下属会觉得"上司在关心我""我的存在得到了认可"，最终这会让他产生安全感和信任感，他会认为"有任何事情我都可以找上司商量"。

近年来，离职率上升已经成为各行各业面临的难题。当我们对离职者进行调查时，很多人回答离职的原因之一是"与上司缺乏沟通"。

虽然还有其他因素也会导致员工做出离职的决定，但是有一点是毋庸置疑的，那就是上司经常与下属交流有助于抑制员工离职。

还有一些例子表明，沟通次数多少与工作业绩有着深刻关联。

有一家大公司开发了一套系统，可以对职场中的面对面交流进行定量分析。一家企业引进了这套系统，当对从事相同业务的两个部门进行比较时，他们发现，在业绩好的部门，团队内部的沟通次数是业绩差的部门的 3 倍多。

所以，我们要计算并提高上下级沟通的"数量"（图 2-3）。这是很简单的事，也不需要花费太多时间，但却能获得非常好的效果，请一定从现在就开始做起来。

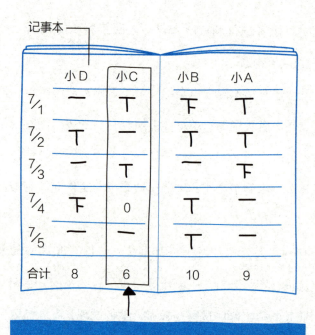

图2-3 计算交流次数

第 3 章

团队领导者的倾听
技巧和讲话技巧

09 团队领导者应该掌握的倾听技巧

"下属从来不会和我讲他们的真心话，比如工作烦恼和不满等。"

这也是团队领导者面临的一个难题。其实解决办法很简单，就是领导者要多听听下属讲话，增加"倾听行为"的次数。

为什么下属不和上司说他们的真实想法？原因往往在于上司说得太多。

举个例子，上司想听听下属的烦恼和抱怨，问他："最近有什么烦心事吗？"

下属于是开始讲起来："我想说，那项业务马上就要签约了，但是某某事还悬而未决……"

下属正说着，上司却在中途打断了他，并开始根据自己的经验，滔滔不绝地讲起来："这件事你应该这样做……"

不让下属把话说完，你根本听不到接下来他的真实感受和不满。

如果想听下属讲话，你就必须做一个彻底的倾听者。

为了让他把话说出来，你首先要拿出倾听的姿态和行动，好好听他讲话。

在寻求意见时，每个人都愿意去找那些好好听自己说话的人。

10 倾听能力的关键——请求和识别

在这里，我想介绍一下"请求"和"识别"这两个术语，它们可以帮助你读懂对方在说什么。

行为分析学是行为科学管理的基础，它将人的语言视为一种"行为"，并根据其功能进行分类。其中"请求"和"识别"这两种功能与沟通的关系尤为密切。

打个比方，假设一个小孩对妈妈说："水！"

如果"水"的意思是"我渴了，我要喝水"，那么孩子说这个词自然是为了要水喝。这就是请求（请求性语言行为）。如果孩子能从妈妈那里得到水，那么"水"这个词就发挥了预期作用。

而如果孩子拿着盛着水的杯子，妈妈问他："杯子里装的是什么？"他回答："水！"这就属于识别（报告性语言行为）。

此时，如果母亲回答"是的"或者"正确"，那么"水"这个词就发挥了它应有的作用。

在这个例子中，我们很容易从上下文和情景中解读出"水"这个词的意思。但遇到像下面这样的情况呢？

一个大热天，上司从外面回来，一进办公室就说："好热！热死了！"下属听到后回应"真的太热了呢"（这是针对识别性语言的回答），没想到上司勃然大怒："什么叫'真的太热了呢'！我想说的是'有没有人把空调温度调低一点'！你连这都听不明白吗！"

上司说"好热"的意思是"太热了，请把空调温度调低一点"，这是请求性语言。如果下属辩解道："那你应该直接说'把空调温度调低一点'啊。"恐怕上司会暴跳如雷，告诉他："这种话不用我明说，你也要明白！"

当你听下属汇报时，听到他说"我今天去了某某公司，发生了这样一件事"的时候，你需要辨别这是单纯的汇报，还是下属在请求帮助。

如果这句话属于识别性语言，那你可以简单地回答他，对汇报内容表示认可、理解、表扬或感谢。如果这句话属于请求性语言，那说明下属在请求你采取某种"行动"。在这种情况下，你必须告诉下属"那我做某某事来帮助你"，并且要拿出行动来。此处的关键点是注意对方话语的含义。

在和下属交流时，他所说的"好的""没关系"等也是需要注意的措辞。

如果你实在分辨不出他的意思，那就向他核实一下吧。

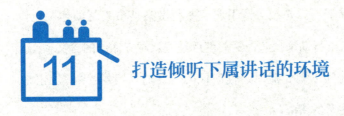

11 打造倾听下属讲话的环境

对上司来说，在繁忙的工作中还要认真倾听下属汇报并不容易。

没掌握"倾听技巧"的领导者无法从下属那里获得想要的汇报和信息。

想象一下，你是下属。上司总是突然地把你叫过去："喂，某某，那件事你还没和我汇报呢，怎么样了？"他根本不在意你有没有空。

于是你站在上司办公桌前开始认真汇报工作，但是他一直盯着电脑，甚至都不抬头看你，只是有一搭没一搭地听你说话。突然，上司桌上的电话响了，他没和你说一声就拿起了电话，然后告诉你："专务叫我过去，你改天再汇报吧。"

这种处理方式实在让人恼火。

正确的做法是，先确定好听汇报的时间和地点。

你提前和下属说："我想听听你讲一下之前那件事，11 点吧，请给我留出 15 分钟时间。"这样一来，下属就会明白"领导想听听我的想法"，然后他会提前把汇报材料整理好。

如果内容很简单，则不一定非要预留会议室，但我不喜欢上司把下属叫到自己办公桌前，让他站着说话。

你们可以去谈判桌那里聊聊，或者给下属一把椅子，两个人坐下来说（图 3–1）。

当然，一边听一边做笔记非常重要，这样可以把信息准确记录下来，也可以营造出你在认真倾听的气氛。

而且，你还要听下属把话说完，不要中途打断他。上司比下属更有工作经验，所以他们往往会对事情走向做出预判，在下属还没讲完之前就给出答案。他们常常会通过臆测做出断言或进行追问，比如"你想说的就是这个吧""比起那个，这个怎样呢"，等等。

但是这样做的话，你很难获得工作一线的准确信息。因为上司的猜测说到底只是猜测，真正掌握信息的是下属。

而且，下属发现自己的话被打断，他会非常失望，认为"反正我说了也没用，他不会听的"，以后就不会再主动汇报了。

下属找你时，你不要坐在自己的座位上听他说，
而是要找个谈判桌一起坐下聊聊。

图 3-1　你的态度也能表明你在认真倾听

即使你想给他指出问题，或者想给他指导，那也必须先让他把话讲完。听完之后，你要先表扬他做的工作，然后再给他的汇报提出建议。

如果你觉得从头到尾听完下属的汇报很困难，那我建议你在记事本的角落做记录，内容是"是否听到了最后"。每次结束之后，通过"是"或者"否"做出标记。

你会发现，随着"是"的频率越来越高，下属汇报的质量也会越来越好。

很多企业在践行"报连相"时，只做到了"汇报"和"联系"，然而其中最重要的却是"商量"，你们要一起"商量"接下来应该做什么，应该拿出什么具体行动来。

12 有时应该聊聊私人话题

你带领的是要在商场中征战的团队，不是凑在一起玩的友好社团或交友俱乐部。

尽管如此，我还是认为应该偶尔和下属谈谈工作之外的事情，比如彼此的喜好、如何打发下班时间，以及家庭情况等，理由大致有三个。

1. 可以与新下属建立信任基础

在上一本书中，我曾写过，你不应该不做任何铺垫地突然与职场新人谈论工作。

刚进公司的员工或者刚从其他部门调来的新成员都会担心自己与新上司能否融洽相处。因此，你先要打下一个基

础，让双方都能很自然地谈论工作。

最好的办法就是讲自己的事情。

这是我在美国通过亲身体验学习到的。

那天，我紧张地等着与商业伙伴的第一次会面，在友好握手之后，他开门见山地谈到了自己的家庭和兴趣爱好，然后也问了我一些关于爱好和家庭的问题。虽然只有几分钟，但这种温暖而富有人情味的谈话让我们随后的业务商谈变得非常轻松。

2. 可以了解下属们的工作动机

"一个人为了什么而工作""他想通过工作得到什么"，行为科学管理将这些统称为"动机条件"。

领导者了解下属的"动机条件"，就可以帮助他们积极主动地工作，发挥出最佳工作水准。要想了解"动机条件"，领导者就需要和下属聊一些私人话题。关于这方面的详细内容请参阅本书第 13 节。

3. 可以表明你很关注他

对方完全不关注自己，这对一个人来说是一件很难受的事情。如果对方是你的上司就更是如此了。

而从你的角度来看，每个下属都是团队重要的成员，所以你自然要关注他们"工作之外的其他事情"。

你可以随意问下属一些问题，比如"这次的假期你打算去哪里""你在大学参加过什么社团""你有几个兄弟姐妹"，等等。

当然，你不能问"你为什么不结婚""还没有宝宝吗"这类问题。不要打听他不想说的事情。

13 了解下属的工作动机

你为了什么而工作？

十年前，很多人的答案可能是"赚大钱，让家人过上好日子""有自己的房子""出人头地"，等等。

在行为科学管理中，人们主动去做一件事的理由被称为"动机条件"。我们非常重视工作中的"动机条件"，比如企业员工为了什么而工作，或者想通过工作得到什么。

上一代人为了提高收入和出人头地而努力工作，愿意在节假日加班。他们或许很难相信，对于今天的年轻员工来说，工作对于他们的意义是多种多样的。"我想早点回家陪伴家人。""我想在现在的公司磨炼技能，将来自己独立出去。""我还在本地一家青少年足球俱乐部做教练，所以周末我不想上班，想教孩子们踢球。""我想做大项目，我不在乎工作会占用我多少时间。""我工作是为了挣钱出国旅行。""我想去国外分公司工作，所以在工作前自己学了英语。"除了这些，近几年还有越来越多的职场人士不得不一边工作，一边照顾父母。

如果你了解每个下属的动机条件和家庭情况，就可以通过工作分配、业务反馈和整体薪酬（详见第 6 章）等方式提高他们的工作满意度和成就感，同时增加员工对你这个上司的信任感。

举个例子，在你要选择一个人负责周末的商务活动时，可以让在周末踢球的下属负责活动前的准备工作，告诉他"活动当天的事情交给我们就行"。这样一来，下属会感激你为他着想，为了报答你，他会比以往任何时候都更努力工作。

上司们经常在居酒屋请客吃饭，犒劳下属，但是对于那些想早点回家陪伴家人的下属来说，这样的聚餐让他们很为难。

对于这样的下属，你这样和他说："上次那个项目你做得很好。这周每天按时下班回家好好休息吧。"那么下一个项目他还会竭尽全力去做好。

如果下属经常考虑未来的职业规划，比如独立出去或者出国工作，那你也可以考虑带他去相关场合，让他见见相关业务的人。

当你听下属说出国旅游和业余爱好最重要，工作只是达到目的的手段时，你可能会惊讶于你们价值观的差异。但不管动机如何，只要他把该做的工作做好，那就没有问题。在工作之外的世界中的所见所闻和经历的一切，也可能在工作中派上用场。

你要这样想：正因为团队汇集了拥有不同价值观和工作动机的各类人才，我们才能群策群力，把工作做好。

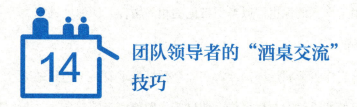

14 团队领导者的"酒桌交流"技巧

无论是否喜欢喝酒，只要你是团队负责人，你肯定会在意"酒桌交流"效果的好坏。

为什么需要"酒桌交流"？为了团结下属？为了提高团队工作士气？

在酒桌上尽情畅饮当然很痛快，而且还能感受到团队的凝聚力，但是仅仅这样就可以了吗？

如果酒桌交流的次数直接影响到团队业绩，那么你就应该每晚都带着下属喝酒才好。然而事实并非如此。

为避免误会，我先做出说明，团队成员可以喝喝酒、吃吃饭、聊聊天，享受美好时光。

但是就团队领导而言，这顿饭仅仅让大家"吃得高兴"是不够的！这样就浪费了难得的机会。几杯酒下肚，同事间推杯换盏，难得可以放松交流，你应该好好利用这次宝贵的机会。

今后，当你参加同事之间的聚餐时，尽量在饮酒间歇抽出一点时间，15 分钟就可以，做一个"有目的的酒桌交流"。

比如：

● 问问下属希望通过工作得到什么（动机条件）。

● 在"工作与生活"的话题中，选择"生活"这部分内容和下属聊聊，比如他们的家庭成员情况、兴趣爱好和生活方式等。

● 如果下属完成了短会（详见第 4 章）中布置的"作业"，那你们可以接着讨论这个话题。如果你们在工作中商量了"怎样来提高业绩"，这时你也可以跟进一下，问问他"能不能做？如果有什么我可以帮忙的，请告诉我"。

"今晚上和小 A 聊聊""下次找小 B 谈一下"，像这样依次和下属们交流，就可以避免出现谈话对象有所偏颇的问题。

15　怎样和年长下属打交道

最近，我还经常听主管们谈起怎样管理年长下属的话题，他们为此感到非常烦恼。

在企业中，随着资历制向绩效制的转变，工龄比你长的员工成为你的下属已经不再是什么稀奇事了。

前几天我遇到了一位主管，他发出了这样的感慨："我的下属都比我年长，其中一位是资深员工，在新职员入职的时候，他还负责培训我们这些新人。"

"年长下属"的问题并不仅限于正式员工（图3-2）。

我经常听到主管们说起这样的烦恼："公司里有一位资深兼职员工，他固定做某项业务，已经做了几十年了，对于这项工作可以说已经了如指掌了，而我在这方面却是个外行，虽然是领导，却受到轻视。我该怎样管理他们呢？"这类问题今后恐怕会越来越多。

　　但事实上，你可能有点想多了。在没有尊老文化的美国，我从未听说过他们在管理年长下属时有任何问题。

图 3-2　怎样管理比你年长的下属

工作就是工作，你只需要认真推进就行了。

不过，我们还是要尊重这种敬老传统，对待年长者一定要使用敬语。

在安排工作时，不要用命令的口吻说"你来做这个"，而是很客气地说"请您负责这项工作"。

只要做到这两点，余下的你像对待其他员工一样对待他们就可以了。

第4章

短会建议

例行考核会的缺点

我在本章提出了"短会"这一建议，它指的是领导者与下属之间的面谈。

许多人可能会想："公司不是有考核会吗，这还不够吗？"

的确，大多数公司都有考核会议，只是开会频率不同而已。但是从行为科学管理的角度来看，这种会议有一个很大的缺点，那就是会议的主要目的是对结果进行考核。

比如家长与孩子约定，如果本学期考试平均分超过80分，就多给500日元的零花钱。经常考70分或80分的孩子是有自我管理能力的，所以他们会为了多赚零花钱而有计划地学习，通过努力来考出80分以上的成绩。

但是有些孩子努力学习却没有考到80分，只看成绩的家长会严厉警告他们："下次你一定要超过80分，听到了没有？"其实这种做法无益于孩子提高成绩。

所有成果都是行动的累积。要想在考试中拿到 80 分，就必须拿出行动来。如果只能考到 50 分，就需要找出原因，不断拿出行动来提高成绩。

最近，很多公司在考核会上都会制订一项为期三个月或半年的行动计划，由员工本人和上司在下次考核会上检查计划的完成情况。但是这种做法间隔的时间有点长。

此外，在很多情况下，很多活动虽然被冠以"行动计划"的名字，但公司并没有告诉员工具体应该怎样做。

例如"加强与客户的沟通"或者"及时了解市场现状"这样的行动计划太笼统了，很不具体，所以在考核期结束后，对这段时间的工作进行考核评估时，也只能做出"大体上做到了"或者"比以前好很多"这种模糊不清的评估结语。

如果行动计划不具体，员工就不知道在日常工作中要怎么做。

当然，对部分员工来说，考核会很有效果。但是，只有最优秀的员工才能将考核会的精神落实到工作中。如果目标是 80 分，那么只有这部分员工才能扎扎实实地完成目标。对这部分员工来说，自己的努力成果得到了肯定，这将极大提高他们今后的工作热情。

然而，如前文所述，遗憾的是，在大多数公司中，优秀员工只占 20% 左右，剩下 80% 的员工如果无论怎样努力都达不到目标业绩的话，就无法通过考核。对他们来说，这种考核会或许就成为"很不愿意参加，但因为是公司规定，所以不得不参加"的会议了。

即使身为领导，单凭你一个人的力量也几乎不可能改变公司的人事制度。

因此，我的建议是，你既要遵循公司制度，认真参加考核会，但是同时也要清楚考核会的这个缺点。在此基础上，利用短会来弥补考核会的缺点。

利用短会敲定具体行动

我建议企业设立短会制度，而且这种短会要符合行为科学理论。它的目的是对无法被纳入考核会的日常行为进行评估，敲定具体行动，并在今后一段时间坚持做下去。

孩子为了考到 70 分，每天学习半小时，但结果只考了 60 分，这时你会督促他："那我们今后每天学习 40 分钟吧。"如果他的学习方法不对，那你就纠正学习方法；如果他总是看漫画书，没有把精力放在学习上，那你就改善他的学习环境。

同样的方法也适用于企业管理。

打个比方，如果你的工作需要接触更多客户才能提高业绩，为此你必须"每天给 10 个客户打电话"。那么上司和下属可以在达成一致之后，在下次短会中敲定具体行动。

如果商定了具体行动，下属做起事来就更容易，对他的工作考核起来也更方便。

如果下属一天打了 10 通电话，上司要表扬他做得好；如果下属没有打够 10 通电话，上司要问他为什么没做到，然后一起想办法。这就是短会的内容，非常简单。

如果上司不关注行动，只关注结果，事情会变成什么样子呢？

"你的销售额为什么不够 500 万日元？你觉得问题出在哪里？"

"我觉得我缺乏主动性。"

"没错，那你就拿出干劲来！"

如果短会中只有这种贫瘠的对话，那根本没必要开会。

你要把重点放在"行动"上，这样可以确保上下级步调一致（图 4-1）。

有的上司不太擅长表扬下属，不过如果你表扬的只是他的"行为"，那对你来说应该并不困难。你表扬了下属，他受到了鼓励，会更积极主动地工作，业绩自然会得到提升。

图 4-1　短会上应该做什么

正因为工作忙，才更要每月开两次短会

行为科学管理认为，短会间隔时间不能超过一周，这一点很重要。

理想情况下，要"强化"一种行为，应该在 60 秒之内进行，但从经验上看，成年人的这种强化在两周之内都有效（前提是能听得懂）。

所以，我们的短会可以每月举行两次。当然，每周一次也可以，但这样会很累，所以我们先从每月两次做起，并把这种习惯固定下来。

在时间安排方面，我认为"每月第一周的周四和第三周的周四下午，每人 5~10 分钟"比较合适，我们可以把这个时间点固定下来。

之所以这样做，是因为要让一种行为成为习惯，必须先固定好时间。"每天学习 20 分钟英语"之所以难坚持，最重要的原因是没有确定好学习时间。"我要比平时提前 30 分钟吃早饭，然后从早上 7 点半开始学习 20 分钟。"如果你做出这样的决定并且坚持一段时间，你会发现"早饭后不打开英语课本会浑身不对劲"，这样你坚持下去的可能性就大大增加了。习惯就是这样养成的。

确定短会时间有一个好处，那就是下属更容易安排自己的工作日程，他们也可以提前准备好当天要讨论的问题和事项。

如果上司心血来潮，和下属说："现在我刚好有点时间，咱们拿出 30 分钟谈一谈吧？"下属会被这种一时头脑发热的会议搞得晕头转向，苦不堪言。

有些团队领导可能会说："我每天光是自己的工作就忙不过来了，哪能定期给下属开会！"但是我要说的是，正因为你很忙，所以才更要给下属开短会。

正如我们已经多次提到的，当一个人的"行为"受到表扬或肯定时，他们就会心甘情愿地重复这个行为，即使这一行为并没有带来立竿见影的效果。

打个比方，你开始是为了减肥而走路锻炼。如果你每天走 30 分钟，但你的体重没有立即减轻，那你可能就会想要放弃但如果你把你的行为发布到社交网站上，看到帖子的人会给你点赞说："你太棒了！"你就会因此受到鼓舞，第二天也能继续坚持走下去。

相反，如果你的"行为"被人批评，那么即使这种行为可以带来好处，你也很难坚持下去。

作为上司，每天既要做自己的工作，还要不断去表扬下属，这很难做到。正因如此，你更要固定一个时间，给下属开个短会，表扬一下他们。

我甚至觉得，如果上司以工作繁忙为由拒绝给下属开会，那他就是不称职的。

最后，我们来总结一下短会的流程。

（1）由上司和下属共同商量出一个提高业绩的行动方案（如果下属想不到办法，那就由上司帮他想一想，并与下属就具体行为达成一致）。

（2）评估下属的行动是否充分。

（3）如果下属充分实施了行动，上司要表扬他、肯定他，以此方式把这个行动"强化"起来。

（4）如果下属没有做好，那么上司与下属要一起寻找原因，帮助下属制订改进方案。

19 让短会更有效果的小技巧

通过短会提高团队工作业绩，有一点非常重要，那就是下属能够开诚布公地和上司交流。

下属偷懒了，没把该做的工作做好，但是他却和上司说"我已经做好了"。如果出现这种情况，那么想通过短会来提高业绩是很难的。

让下属坦诚交流的基本前提是，下属认识到"领导在认真听我讲话""领导肯定我的工作，并想要帮助我成长"。

这两种"信任"是通过上司日常行为的积累形成的，非一朝一夕可以完成。不过除此之外，还有一种技巧，你可以用在与下属的谈话中，它易于实施且效果立竿见影。

那就是让下属"与上司交流"这种行为得到进一步"强化"。

这听起来似乎很难，但其实方法很简单。

你只需要问下属几个他绝对能回答上来的问题就行，比如"你今天午饭吃了什么""外面要下雨了吗""昨晚的球赛直播看了吗"等，什么话题都可以（图4-2）。你问他一些他能回答的问题，听完他的回答，你要好好做出回应，比如"这样啊""的确如此"等。

通过这种方式告诉下属你在好好听他讲话，这样做可以让"与上司交流"这种行为得到进一步"强化"，从而创造一个可以开诚布公谈论工作的环境。换句话说，这样可以打造一个更容易进入主题的热身活动。

在短会中，当双方都有点尴尬，或者当下属是新人，面对上司感到紧张时，这种技巧特别有用。

对于不善言辞的上司来说，营造轻松的谈话氛围是一件很困难的事情。但是上文的这种方法非常简单，谁都可以做到，请你一定要试一下。

此外，通过短会还可以了解"下属的工作动机"（详见本书第13节）。

而如何打发下班时间、他对工作的看法，以及他的家庭情况等信息涉及下属的个人隐私，在谈话时还是要把重点放

图 4-2 与下属的沟通技巧

在工作上，不要牵扯太多隐私问题。

只要你在平时工作中向他表达出"我希望你在工作中不断成长"的态度，其余的就不必过于担心了。

20 沟通时的"顺序"问题

　　给下属开短会的目的是敲定以后的行动方案。在短会中，要让下属想一想为什么没有完成业绩，以及怎样做才能完成业绩。

　　这时我强烈建议你采用先表扬（肯定、称赞），后批评（告诉他怎样改进）的顺序。

　　之所以要先表扬，是为了让下属更容易接受之后的批评。如果一开始就批评他，下属就会对你关闭心扉，即使你后来再表扬他，也不会打开他的心门。

　　其实最理想的交流顺序是：表扬→批评→表扬。

　　这样，在短会结束时，大家都能有个好心情。

　　短会的主题是进一步强化下属应该采取的行动，并且把行动固定下来。如果你发现下属的其他行为也有助于开展工作，也可以借此机会多多表扬他。

要记住，"表扬"和"批评"的比率不应该超过 4 : 1。行为科学管理认为，在这个比例范围之内，批评不会产生负面影响。

所以，"批评"的比例不可以再提高了。

21 即使下属做的是分内之事，也要好好表扬他

为了进一步让你认识到表扬的重要性，我们来举个驾校教练的例子。

今天大多数驾校的教练都态度亲切，而且教得都很不错。但在几十年前，有不少教练并不擅长教人，他们的一大特点是，看到学员出错了，只会一味指责。

一旦他们发现学员出错，就会大声呵斥，比如"这条路限速 60 千米，你刚才为什么开到 70 千米？这可不行！"

这样情绪化地发火当然不对，但还有另一个值得关注的问题，那就是对于"遵守限速规定，把车速控制在 60 千米 / 小时以内"这种理所应当的行为，在之前的练习中他并没有给予肯定，因此这种行为就没有被学员坚持下去。

要让这种行为成为习惯，教练必须明确给予表扬和肯定，比如"你把车速保持在每小时 60 千米以内，做得好！"

体育教练也是一样。"这次发球不错！""太棒了！"教练通过这种积极反馈，让好的投球方式成为球员的习惯固定下来。这一点非常重要。

当然，在企业中也是如此。如果下属的行动符合你的要求，即使你认为这是他的分内之事，也要表扬他。或者说，正因为这是分内之事，才更应该好好表扬他。

如果下属告诉你"我做好了"，你却顾左右而言他："先不提这个，我想问你那件事究竟是怎么回事？"这样做，你就会错失一次难得的"强化"机会。

22　短会要能提振士气

短会开得成不成功，有一个简单的判断方法。那就是如果你的下属在会后更有干劲，那么这次会议就是成功的。

团队领导必须带给下属能量，让下属在与你接触之后更积极地工作。

"唉，今天又要开会了……"到了开会那天，每个人从早晨开始就状态低迷。会议结束后，员工们从会议室出来，哀叹"哎呀，好累啊""又有额外的工作要做了"……这种情况是不应该发生的。

"和某某聊了聊，我的思路更清晰了。"

"我知道我该做什么了。"

"非常感谢，你帮助我解决了问题。"

"我的工作得到了领导的认可，太高兴了。"

"明天开始我要更努力工作。"

两周一次的短会给领导和下属带来一定负担，但如果下属们在会后能有这样的感受，相信一段时间之后他们都会期待开会的。

这样坚持下去，下属的工作会越做越好，业绩也会逐渐提高。他们会越来越信任领导，平日的"报连相"和会议的质量也会随之提高。

为了达到这一连串的积极效果，请不要让短会成为"两周一次的惩罚游戏"，而要把它变成"活力满满的交流"。

23 下属不想做的工作，不要命令或者请求他，而要"说服"他

你是否曾经沉迷于自己的喜好，以至于熬夜到很晚？或者是否别人对你说"你太拼了"，你却回答"一点儿也不辛苦，因为这是我喜欢做的事"？

无论是谁，都会为了自己喜欢的、擅长的或者感兴趣的事情而努力，哪怕这样很辛苦。

工作也是如此。如果是自己想做的项目，就会不辞辛劳，主动想各种办法做好，这样一定能做出成果。

那么对于自己没有兴趣的工作应该怎么办呢？或许在一些领导者或管理者看来，不应该让下属去做他们不想做的事。其实这样做并不恰当。

无论下属对工作是否有兴趣，只要有必要，就必须去做。即使他不擅长或者不感兴趣，必要的时候也必须去做。

遇到这种情况，重要的是好好"说服"下属去完成工作，而不是在意见没有与他达成一致的情况下，通过"命令"或"请求"让他做事。因为被迫去做一件事时不会获得好的成果。

例如，如果下属对这次的项目不感兴趣，因为这与他以往所做的工作不同，那么你就告诉他，这个新项目在未来会有怎样的前景，或者这个项目一定会让客户很满意等。

如果下属觉得日复一日地收集材料没有成就感，那么你要用他能理解的方式告诉他这项工作的重要性，最终让他愿意去做（图 4-3）。

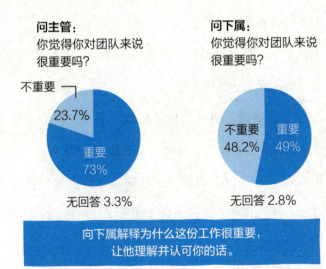

问主管：
你觉得你对团队来说很重要吗？

不重要
23.7%
重要 73%
无回答 3.3%

问下属：
你觉得你对团队来说很重要吗？

不重要 48.2%
重要 49%
无回答 2.8%

向下属解释为什么这份工作很重要，
让他理解并认可你的话。

图 4-3　下属觉得自己对团队没什么贡献

资料来源：公益财团法人日本生产性本部"职场交流问卷调查"。

　　说服下属并不容易，你可能没办法立即做到。但无论什么工作，激发下属的"工作动机"都是领导的一项重要技能。

　　在你不断磨炼这项技能的过程中，请牢牢记住"要说服，不要强迫"。

第 5 章

要让下属执行
真正的"报连相"

24　对下属来说，"报连相"是否变成了惩罚游戏

我曾经在研讨会上向企业主管们提出了这样的问题："为什么我们需要'报连相'？"

有好几个人回答说："为了检查下属有没有恪尽职守。"

太可笑了。这就好比说"如果你放任不管，下属就会'摸鱼'"一样。也有主管说："优秀员工其实并不需要'报连相'，只要能做出成绩，他们就可以随着自己的心意来。"

这位主管还说，如果通过报告发现下属工作进展不理想，他会当众严厉斥责下属。

如果上司这样做了，那么下属一定会认为："他让我们'报连相'，是因为不信任我们。"

每个人行动的背后都有一套准则。

如果某种行为对自己有利，他就会继续这样做；反之，如果这种行为会招致不好的结果，那么他就会逐渐减少这种行为，甚至不再做了。

那我们试着用这一准则来验证"报连相"这一行为。假如上司要求你"报连相"，你照做了，结果却被他骂得狗血淋头。下次的报连相，上司还在絮絮叨叨地嫌弃你……这简直就是一场惩罚游戏。"报连相"成了你最不想做的事。一旦你汇报晚了，上司就会催促你："赶紧过来汇报！"结果就是你越来越不想汇报，汇报的频率也越来越低。

打破恶性循环的方法是上司改变想法，创造一个下属愿意汇报和沟通的职场环境。

为此，你要做些准备工作，让下属知道"报连相"能给自己带来怎样的好处。

比如受到表扬、努力被认可、得到了有用的建议、上司和自己一起想办法解决问题，等等，有了这些好处，下属今后一定会多多向上司汇报工作。

要想通过"报连相"提升业绩，首先要避免把"报连相"变成一种惩罚游戏，这是第一个要点。

要给"报连相"的下属一些好处，让他今后都能主动汇报工作。

　　第二个要点是重新审视"报连相"的意义和价值，而且要向下属讲清楚。具体内容详见本书第 25 节。

25 "报连相"的意义是什么

说起"报连相"，人们通常认为这是一种检查工作进展的手段，但如果改变既有的观念，我们就可以把它应用到更具战略性的方面。

也就是说，我们应该利用"报连相"来帮助公司调整战略和实际业务，使二者保持一致。

每家企业都有自己的愿景和战略，并在此基础上制定战术，员工们根据战术采取具体行动。这些战术都是建立在预期的基础上，在尝试去做之前，没有人知道它是对还是错。

例如，厂家会根据"我生产出这种产品之后，向 100 个人推销，大概会有 30 个人购买"这种预期来生产和销售产品。而产品投入市场后，如果没有来自一线员工的情报，企业就无法掌握市场反应，也不可能知道竞争对手的动向。比如其他厂商可能会以更低的价格销售同样质量的产品，或者有用户提出建议说"希望这个产品具有某某功能"。

如果一线员工收集到这些信息并向你汇报，作为团队领导，你就可以把这些信息与公司经营战略和指示相对照，做出工作调整，向下属下达指令，与其他部门协调合作（图5-1）。

换句话说，与经常关注一线情况的下属不同，你作为领导者，距离市场稍远一些，所以你应该成为公司高层与一线员工之间的联系枢纽。

当领导者与团队成员之间通过"报连相"顺畅地交流信息时，他就可以及时对工作做出调整，例如"社长让我们这样做来抢占市场，但根据现在的市场情况，我们要做出一些调整才行""我们要在产品中添加上这个功能"，等等。

尽管产品在开发时与高层的指示大相径庭，但产品投入市场后却大受欢迎。这样的成功案例不在少数。

不通过"报连相"及时调整业务，而是"不加变通地完全按照高层的指示去做，结果产品销量惨淡"，这种做法是不可取的。

读到这里，相信你会明白，仅仅把"报连相"应用在"管理下属"方面，是极大的浪费。

如果应用得当，它可以对企业战略产生巨大影响。

这里我们举出的是制造商的例子，在实际应用时，不同的行业、不同的业务内容，通过"报连相"获得的信息也不

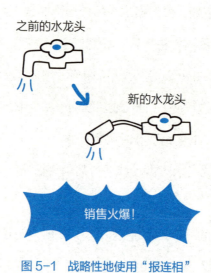

图 5-1　战略性地使用"报连相"

相同。

你要认真研究一下，你的公司或者你的团队需要怎样的"报连相"。

厘清思路之后，你要和团队成员这样说："我们部门有这样的任务，我们需要来自一线的信息。你们的'报连相'对于实现我们的团队目标非常重要。"

当你收到下属的"报连相"时，首先你要对他们表示感谢，和他们说"辛苦了"，而且要给他们有用的建议和反馈。

26 你的指令是否准确无误

"下属总是迟迟不汇报工作""提醒过他好几次了，总是在汇报时犯同样的错误"……很多团队领导都因为下属没有按照自己的意愿行事而烦躁。

遇到这种情况，你需要回顾一下你是如何下达指令的。

我们经常听到这样的工作指示："总而言之，你要尽快把工作报告整理好""从下次开始，你要好好把联系事项都告诉他们"……但是这里的"尽快"指的是多久呢？

下达指示的上司可能想的是"最迟今天下班前"，但下属想的却是"本周末之前"。

什么是"好好告诉他们"？下属可能根本不明白，但是面对领导，他只能回答"好的，我知道了"。

行为科学管理主张上司必须把行动讲得很具体。

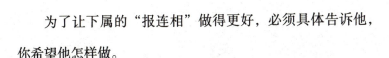

为了让下属的"报连相"做得更好，必须具体告诉他，你希望他怎样做。

关键有两点。

（1）尽量告诉他具体数字，例如日期、时间、频率、次数等。

（2）你的措辞要准确恰当，确保无论谁听到之后，采取的行动都是一样的。

不要说"尽快"，而要说"今天18点之前"；不要说"好好告诉他们"，而要说"必须确认好对接的部门和负责人姓名，并通知到他们"（图5-2）。

不要自以为是地认为"这种事不用说他们也知道吧"。

你觉得不需要这么麻烦，其实做这些事只需要花上几分钟，甚至几秒。如果这样就能改进下属的"报连相"，那你还有什么好犹豫的呢？或者你可能会想："如果我下达指令时事无巨细，我的下属还能得到锻炼吗？"

你要知道，当你看到下属有做不到的事情或者不理解的事情时，如果你就那样放置不管，那更不利于他们成长。

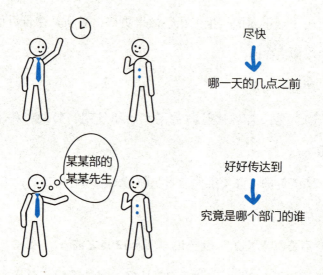

图 5-2　要把工作和对接人员讲具体

27　还要告诉下属项目的整体情况和公司的愿景

在本书第 26 节中，我们说下达工作指令要尽可能具体。例如"在周三之前，带着样品拜访 15 家客户公司，并在周四下午的会议上汇报客户使用后的反馈"。下达工作指示时要有具体数字，这样下属才能拿出切实的行动来。

除此之外，一定要避免出现"下属只清楚自己负责的工作，却不了解项目全貌"的情况。

如果下属知道"自己负责的部分在整个项目中的定位""自己的汇报有什么作用""今后工作的进展会是怎样的""和其他部门怎样配合"等情况，那么他的"报连相"的质量和准确性将会大大提高，工作也会更容易取得成果。

而且，如果下属知道自己每天兢兢业业所做的工作是项目不可或缺的重要组成部分，就更容易从工作中找到自我价值和意义。

一旦意识到这一点，下属们会变得更加积极主动。

当然，上司无须每次下达工作指令都和下属确认项目整体情况。在项目启动、公司战略发生变化、项目正值紧要关头时，领导者可以和团队成员们讲一讲，让他们能高屋建瓴地掌握项目全貌。

例如，如果是护理行业，你可以说："如果我们能把这项业务做起来，那么很多老人就能找到活着的意义。"如果是人力资源服务行业，你可以说："如果这个项目成功了，下次我们或许就能把业务拓展到海外市场。"你最好能和他们说一些像这样让他们非常兴奋的事。

这样做同时也能提升你自己对工作的热情。

除了告诉下属项目的整体情况，你还应该向下属传达公司的愿景和战略。但是，一定不能将高层下达的指令原封不动地告诉下属。

由于公司决策者所说的愿景和战略常常很抽象，所以你必须将团队要做的事情分解成具体行动。

之所以这样说，是因为要想让下属主动推进业务，的确少不了对工作的热情和响亮的口号，但只有具体行动才能直接产出成果。

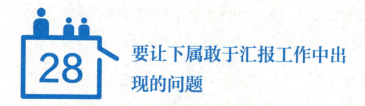

28 要让下属敢于汇报工作中出现的问题

工作中常常出现无法预料的情况，比如"产品极有可能无法按时交付""一个即将签约的项目出现了问题""收到了老客户的严重投诉"，等等。在企业经营中，最好避免出现这类严重失误，但如果真的出现了，一定要尽早采取行动。

所以，你必须想办法在第一时间了解到这些情况。

但是，下属常常不会及时告诉领导这些糟糕的情况。以至于当错误最终被发现时，往往一切为时已晚，企业只能承受巨大损失（图5-3）。

为什么下属在工作出现失误或者收到客户投诉时总是犹豫要不要向上司汇报呢？其实原因很简单，因为向上司汇报对自己没有好处。

我们多次讲过，如果一个人的行动能给自己带来好处，

首先表扬他敢于汇报问题的行为。

图 5-3　当下属向你汇报工作中出现的问题时

他就会继续做下去；如果只能给自己带来麻烦，他就不会再做这件事。

"你为什么会犯这种错""所以说你不行"，如果上司当众这样批评下属，那么下次工作中再出现问题，他肯定不会再向上司汇报了。

不仅是汇报问题的下属，如果其他下属看到同事工作中出现问题，向你汇报就会被严厉批评，他们今后也就不愿意主动汇报了。这样一来，你应对工作失误会进一步滞后，给公司造成损失，导致客户流失。所以说，上司因为下属汇报了工作中的问题而大发雷霆，这样做对团队没有任何好处。

打破这种恶性循环的方法显而易见。那就是当你听到下属汇报工作中出现的问题时，首先要对他及时汇报的行为给予表扬。

你要强忍住冲上脑门的一股热血，第一句话要和下属说"你汇报得很及时，现阶段我们可以让其他同事帮忙把问题处理好""谢谢你在问题还没有更严重之前过来汇报，接下来的事情交给我来处理吧"。

只有这样做，下属才会乐意向你汇报问题。

然后，为了确保下属不会再犯同样的错误，你要问他问题出现的原因和问题是怎样一步步发展的，并向他交代好"哪些不能做""哪些地方需要改善""还需要做什么"，这些事情都要一一讲清楚。

不要只说"以后不允许再这样做""你要多加注意"，而是把需要做的事情具体交代清楚。

　　如果你必须马上去处理问题或投诉，那分析原因等事项可以留待以后再做，但一定不要忘记做。如果你不舍得在这上面花时间，那就不能算是专业的领导者。

让日常工作报告更有成效

　　日常工作报告是指员工记录日常业务内容和个人反思，并提交给上司。

　　你有认真想过日常工作报告的目的和效果吗？

　　事实上，我们可以从日常工作报告中得到很多东西。

　　从填写者的角度看，工作报告留下了日常工作的记录，凸显出工作成果和工作中需要反思的地方，并确定了之后要做的工作。

　　而从上司的角度看，他可以通过工作报告掌握下属的日常工作动向，了解一线的真实情况，找到帮助下属成长的方法。

　　然而有些上司似乎只想通过报告掌握下属的日常动向。

　　这种想法也是基于前文提到的"如果放任不管，下属就会懈怠"的观点。

他们想通过检查工作报告找出下属的过失和缺点，比如"这30分钟的记录是空白，他在哪里、在做什么""他在路上花费的时间有点多吧"。

这样一看，提交日常工作报告对下属来说完全没有好处。

所以，上司要严格检查下属的报告，但是要避免对报告做出负面评价。举个例子，日常工作报告中有一栏，需要下属根据当天的工作总结，填写需要改进之处。

上司如果对他说："你知不知道为什么要写这个？改进建议写得这么差，回去好好想想怎么写！"

如果你这样说，虽然有的下属会接受你的批评，但是对大多数下属来说，"写下改进建议"的行为本身就从"自己主动想做（want to）的事"变成了"不得不做（have to）的事"。

检查下属的工作报告时，你首先要表扬他做得好的地方，然后再给他指出不足之处，提出建议。比如"你的着眼点不错，如果讲得再具体一点就更好了"。

这样对下属来说，你的建议就是"写下改进措施"。这个行为就会带来下属主动去做的好处。

如果下属的报告没有一处值得表扬的地方怎么办呢？

真的是这样吗？他至少做到了"每天写报告"，你可以先表扬他这一点。

最重要的是，你一定要在报告提交当天就看，并给予反馈。

如果你让下属觉得"你让我写，我写了，但是谁知道你是不是真的看了"，那么今后下属肯定不会认真写报告了。

这样一来，上司就无法获得来自一线的有用信息，也会错失鼓励下属成长的机会，而且你还会发现，下属的"报连相"越来越少。

没有一个下属愿意向一个连日常报告都不看的上司汇报重要事情。

30 怎样与"宽松世代"打交道——工作指示要具体

"最近的新人真让人头疼啊！"

上司已经不是第一次发出这样的感叹了。恐怕在你还是新人时，你的上司和前辈也会在下班之后发出这样的吐槽吧。

但是，现在我们遇到了"宽松世代"的新人们，情况就有些不同了。

在田径比赛中不排名次；学校表演节目时不选择会让主角大出风头的剧目；在学校吃饭时，遇到不爱吃的可以不吃；不盯着一个人的缺点，而是培养他们的长处和优点；当然，张榜公布考试成绩，那是绝对不可以的。

这在企业中高层管理人员看来非常可笑，但实际上许多日本学校都在实施这种教育方式。

这样的一代人不仅不适用传统的管理方法和员工培训方

法，他们还会因为一点小问题就备受打击，马上辞职不干。我们现在已经不能像过去那样漫不经心地吐槽"新人真难带"了。

那么，要怎样和价值观与上一代人大相径庭的"宽松世代"打交道呢？

我们总是关注他们的价值观和个人感受，但事实上重点仍然是他们的"行为"。

即使价值观和感受各不相同，但人的行动准则是不变的。如果将解决问题和获取成果的过程分解为具体行动，搞清楚什么是应该做的事，那么就可以利用行为科学管理的方法引导他们主动去做你想让他们做的事。

在"报连相"中要注意的是，你要告诉下属具体该做什么，要怎么做，甚至连"你要这样汇报"这种指示都要讲得更具体。

这一点对于"宽松世代"的员工尤其重要。

我在之前的书中写过："对于从未做过的事情（工作），要像第一次让孩子跑腿儿那样，把他要做的事细致地拆解开并教给他。""报连相"方面的指导也同样如此。

你或许要问："我要一一跟他们讲到这种程度吗？"

没错，他们往往性格直率，所以只要你告诉他们应该怎么做，他们就会去好好做。

只是，如果要他们做的事很多或者很复杂，你却只有口头吩咐，那他们很难全部记住。所以你可以给他们列一份清单，比如"备品清单""工作流程图""行动清单"等。

当吩咐下属"你要这样汇报（联系）"时，你不仅要给出具体截止时间，还要详细告诉他汇报（联系）的形式。

比如，如果你想让下属把工作总结到表格里，就要给他一个样本，让他参考制作。

31 怎样与"宽松世代"打交道——下属"报连相"时，你要马上表扬他

我们讲过，为了引导下属主动"报连相"，上司要在下属"报连相"后表扬他，对他的行动给予认可，这一点很重要。因为如果下属的行为能给自己带来好处，他就会重复这一行为，这是人类行为的准则。

经验法则告诉我们，这种"行为强化"对成年人的有效期为两周（前提是能听得懂）。

这意味着，即使上司不能在每次"报连相"后都及时给予表扬和认可，但如果一个月内下属的"报连相"多次获得表扬，那么这个行为也会得到"强化"。

不过，你还应该知道，只有对年轻人才需要"马上给予肯定"，因为他们从小就在电脑游戏中习惯了"马上受到褒奖"。

真正接触过电脑游戏的人都知道，各种类型的游戏，比如射击、解谜、模仿、角色扮演等，都会根据你在游戏中的表现给予奖励，例如更多的积分、打倒更多敌人、得到通关提示和宝藏，或者升入更高等级。

年轻一代从出生起就得到物质上的满足，他们不再"想要这个东西""想要那个东西"，而是非常想要得到他人和社会的认同。

他们的成长环境显然不同于论资排辈的那一代人，那一代人即使从未受到上司的表扬，也能在升职的鼓励下勤勤恳恳地工作。团队领导在管理宽松世代的下属时，必须考虑到这一点。

对于宽松世代的"报连相"，上司要立即给予表扬。如果你找不到任何值得表扬的地方，那就表扬他及时汇报工作这种行为吧。

我还想说的一点是，在管理这一代人时，你要牢记一件事，那就是要尽早给他们满满的成就感。

如果是上一代人，你可以和他说："你才刚进入社会，工作没做好很正常。"或者鼓励他说："你就甘于这种结果吗？好好给我做！"这样的方法在上一代人身上是管用的，但是很多在宽松环境中成长起来的人，在第一次尝试却失败之后，往往会一蹶不振，从此讨厌这份工作。

所以，如果可能的话，上司要好好想一下应该怎样下达工作指令，让新人从一开始就能获得成就感。

你或者会说："新人怎么可能一开始就成功？"的确如此，但重要的是他本人觉得"我做到了"就行，所以你可以让他做一些非常简单的工作。

举个例子，假设他第一次陪你参加商务会议。出发之前，你告诉他"今天你只需要做三件事"，而且这三件事一定是他能做到的，哪怕是"交换名片时看着对方的眼睛"这种简单的事情也没关系。

当下属做到了，你要表扬他"做得好"。

换句话说，你要让下属真切地体验到成功的感觉。

在"报连相"方面也是如此，你要指导他们掌握最基本的汇报方法，并在他们做到之后表扬他们，而且确保他们已经领会了你的赞美之意。

第6章

打造充满欢乐的

职场氛围

整体薪酬回报制度——让下属觉得和你一起工作很开心

在本章中，我们将讨论如何创建一个良好的职场环境，让所有成员都能积极主动工作，充分发挥出自己的实力。

我首先想介绍的是起源于美国的"整体薪酬回报"（Total Reward）这一概念。

"报酬"这个词往往让我们联想到工资、奖金等经济奖励，但是"整体薪酬回报"的理念却强调"非经济奖励"的重要性。

自己的努力通过工资和奖金的形式获得回报，这当然是件值得高兴的事情。然而，作为团队中的一员，金钱并不是我们工作的唯一追求，这一点相信你每天都能切实感受到。

"成功做完项目后，觉得自己像脱胎换骨一样"，这种成长的感受；上司说"幸好把这项工作交给你"时的自我肯定感；团队共同努力完成了交期紧迫的工作，大家击掌庆祝时的集体荣誉感……在这一瞬间，你会觉得"太好了！一切努力都是值得的！"因为有了这种感受，你才会全力以赴。

即使是微不足道的日常小事也会让你觉得自己的努力得到了回报，这种感受让我们积极主动地去工作。

作为上司，你应该积极为你的团队成员提供这种非经济奖励。把每个下属都当作重要的合作伙伴，并给予他们全面意义上的奖励，这将使你的团队更有活力，团队业绩自然也会得到提高。

给予下属的整体薪酬回报具体指的是什么呢？在第33节中，我将行为科学管理视角下的"非经济奖励"总结为六大要素。

整体薪酬回报制度的六大要素

像"打造充满活力的职场""让团队更具活力"这样的口号很抽象，要把它们变为现实并不容易，因为我们不知道具体要怎样做。

行为科学管理认为，要打造欢乐职场，需要记住六大要素，这是打造欢乐职场的指导方针。

1.（Acknowledgement／认可）认可下属，对他抱有感激之情

要把团队成员当作工作中的重要伙伴，做一些具体的事情，把"很高兴能和你们一起工作"的心情传达给他们。

"公司给你发工资，你努力工作天经地义""听上司的话

天经地义"这样的态度不可取。

2.（Balance ／平衡）帮助下属平衡工作与生活

关心下属，让每位下属都能在工作与生活之间找到平衡点。为此，领导者需要掌握下属的一些基本信息，其中最重要是在本书第 12 节提及的"工作动机"。另外，如果下属需要抚养子女或者看护家人，团队领导也要多多帮助他。

3.（Culture ／文化）打造有集体荣誉感、工作氛围轻松的职场文化

团队成员可以自由讨论任何与工作有关的事情，下属可以直率地向上司提出意见和想法，团队成员之间相互认可和支持，大家经常说鼓励和表扬的话。

在这样一个开放包容的团队中，每个人都会为了团队而主动做事。

4.（Development／发展）提供发展的机会

每个人都想在工作中得到成长，这是他们努力工作的极大回报。团队领导可以为下属提供很多发展机会，比如帮助下属把工作做好，为他们提供参加培训或研讨会的机会等。只要你看到下属成长了，哪怕只有一点点成长，你也要表扬他，而且要让他感受到你对他的肯定。

5.（Environment／环境）改善工作环境

改善办公环境，让下属工作起来轻松舒适。

怎样改善环境，具体细节因部门和业务内容而异。以行政工作为例，要保持资料和文具整洁，以备随时使用。确保电脑和办公设备具有良好的性能，并提供最新版本的软件，保证业务工作高效进行。

6.（Frame／框架）给下属具体指示和指导

"我不知道这样做的目的是什么""我完全不了解业务的

整体情况""我觉得自己在被迫做一些无用功"……带着这些想法工作，只能感受到痛苦。

上司应该指导下属正确开展工作，告诉他们项目框架，明确告知他们具体怎样做才能取得成果。

如果你能积极做好这六件事，那所有团队成员都会感到"在他手下做事真好""能成为这个团队的一员，简直太高兴了"（图6-1）。

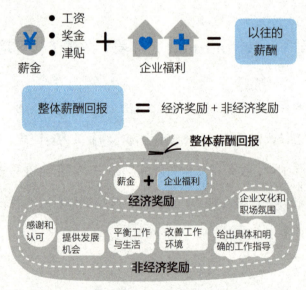

图6-1　以往的薪酬制度与整体薪酬回报制度的区别

34　巧妙表达谢意的感谢卡

最近几年，日本各大企业开始引入一种"员工之间相互感谢和表扬"的制度。我们经常听到企业负责人说："实施这一制度后，不仅职场氛围变好了，而且团队业绩也提升了。"

每个人内心都希望自己能帮到别人，所以当被人感谢时，他会很高兴。而这种感谢如果来自同事或上司，他就愈发愿意为团队工作，所以不难想象，这样的制度一定会带来业绩的提升。

行为科学管理主张企业应该引入"感谢卡"制度。

可以用复印纸或画纸，印上"感谢卡"或"Thanks"的字样，再加上"收信人姓名、感谢内容和寄信人姓名"这几栏，打印好之后，团队成员每人派发几十张。感谢卡尺寸不要太大，因为太大了就需要填写太多内容，填写卡片就成了负担，它的尺寸与名片相仿即可。

每当你发现需要感谢同事时，就当场写下来交给他们。比如"谢谢你帮我记下留言""谢谢你今天帮我跟进工作""谢谢你迅速帮我找到资料""谢谢你帮我把报纸收拾好"，等等。无论大事小事都可以。

一开始大家可能会不好意思，不愿意使用卡片，所以你可以定下规矩，比如"每天至少送出 2 张卡片"（图 6-2）。

——有人关注我平常都在做什么，而且对我做的事情给予积极反馈。

如果你能让你的团队坚持做下去，这将是与奖金或假期一样，甚至比它们更有价值的"奖励"。

大概还是会有人觉得送感谢卡很尴尬，也会有人觉得"这与我们公司的风格不符"。

在我提供过咨询服务的企业中，几乎所有公司一开始都这样说，但尝试过之后，都发现效果非常好。

所以，希望你也能在自己的团队中尝试一下。

如果还是觉得很困难，那可以使用第 35 节中介绍的利用社交媒体的方法。一些大公司已经创建并推出了相关软件系统。

图 6-2　把日常的感谢之情表达出来

35　利用社交网络"强化"彼此的行为

这是我所在公司下属一家子公司的例子。该公司禁止使用内部电子邮件，而是在脸书[①]上创建了一个私人群组，所有员工都在群组里交流。

当销售部的新员工在群里发了"今天终于可以提交企划书了"的帖子时，他很快就会收到好几个"赞"。

"我想到了这样的改善方案"的帖子也能不断收到同事们的点赞。

当一个人发帖子时，大家立即给他的帖子（或者帖子的内容）点赞，这就是对其行动的"强化"。

有时我们会听到这样的声音："脸书为什么只能点

---

① 脸书：社交媒体软件，现已更名为元宇宙（Meta）。——编者注

'赞'？为什么没办法'踩'或者'拍砖'？"在我看来，其实只能点"赞"才好呢！

因为一个人利用脸书分享个人生活，其实是想要"赞"，所以会拍摄好看的照片或者去寻找更多有意思的东西。

脸书是现成的社交媒体，所以我们不用花钱，也不用耗费精力创建平台，可以马上用起来。更重要的是，我们可以在外出的路上浏览查看，能及时给下属的帖子点赞或者发表评论。

这个案例中的公司大约有 20 名员工，这种规模完全可以做到信息全员共享。

如果全员参与有困难的话，也可以为自己的团队单独创建一个专有的群组。

比如，如果你浏览了汇报邮件，但是因为没有时间，所以只能在一段时间之后才给出反馈，那么这个基于社交网络的系统可以让你先点赞，至少让下属知道你已经读过了。

这样一来，对内容的反馈可以留到以后再做。

以上，我们以脸书为例，介绍了如何更好地利用社交网络来交流。除了脸书，我们还可以使用微信等社交软件来提高团队工作效率。

第 7 章

让团队更具
活力的技巧

36　谨防"不公平"的行为导致团队不和

对于可以带来业绩的行动，你要多多表扬，以此来"强化"这种行为。

这些事情你要每天积极去做。除此之外，作为团队领导者，你还应该注意一件事，那就是你表扬下属的次数不能有失偏颇，不可以对有的下属表扬次数过多，对有的下属表扬次数过少（图7-1）。

下属越是信任你这个领导，那么你的"偏袒"行为对团队的负面影响就越大。最糟糕的是，它可能会导致团队内部不和。

当然，能够认真听取上司的建议，并采取适当行动的下属，被表扬的次数会更多。另外，在与下属的交流方面，上司与性格合拍的下属接触也会更多。

所以你首先要清楚地意识到，要做到一碗水端平并不容易。

对那些被表扬次数较少的下属，你要用心关注他们，观

图 7-1　和下属交流的技巧

察他们的一举一动。有时他们的行动并不起眼，但是你不要错过这些行动。要多与那些平时接触较少的下属交流，哪怕只是三言两语也可以。

37 大大方方地交流

在与下属交流时，坦诚大方的态度也非常重要。

大部分人都反感某些人"偷偷摸摸"地做这做那，尤其当这个人是他们的领导时。

团队一起喝酒聚餐时，你要通知到团队所有成员，包括"那一天确定无法参加"的人。

与某位下属一起吃午饭时，也要大大方方，不要遮遮掩掩（图 7-2）。

我们在第 4 章中讲了短会，在第 6 章中讲了分发给下属的"感谢卡"，这些都要注意不可出现分配不均的问题。

当你要表扬下属时，最好当着大家的面表扬他；要批评下属时，最好在私下进行。当然，情绪激动时的发火另当别论。

124

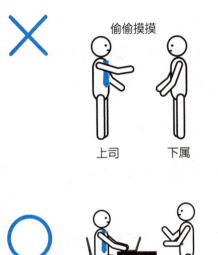

图 7-2 和下属大大方方地交流

38 不要让团队成员为了工作成果而相互竞争

把个人销售业绩和销售额做成图表张贴出来，以此激发员工的竞争意识，然后每个月把排名第一的员工评为 MVP（最优秀员工）。这种方法尽管沿用已久，但从行为科学管理的角度来看，并不是一种好方法。

如果你确实想让他们竞争，那就把团队成员分成几个组，开展"小组竞赛"。奖励形式是"领导请获胜的小组吃饭"或者"领导用个人小金库给他们分发奖品"等。

这样，即使是刚入职的新人，或者业绩不够好的人也有机会获得第一名。如果销售王牌也想赢，那他可以指导同组新人，帮助同组那些业绩不好的员工，这也算是这种制度带来的令人惊喜的副产品了。

小组成员不要固定不变，要经常重新分配，最好保证所有成员都有平等的获胜机会。

像递送感谢卡那种激励下属们踊跃相互帮助的形式也很不错。如果大家都争相递送感谢卡，团队氛围会越来越好，这对提高团队业绩大有帮助。

在工作方面，如果团队成员竞争的不是"业绩成果"，而是"能提高业绩的行动"，那么就可以在行动数量上相互比一比。得到第一名的人，大家都去表扬他、称赞他。

此时你要设定好竞争条件，比如"看看谁提出的业务改进方案更多"，让每个人都能公平竞争。有的竞争条件不会直接带来业绩的提升，只会增加一些无用的行为，比如"看看谁收到的客户名片数量多"，这类竞争就不可取。

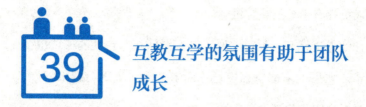

39 互教互学的氛围有助于团队成长

我通过培训班、研讨会和咨询等方式接触过各种企业，对他们的情况有一定了解，我发现实力强劲的团队都有一个共同点，那就是他们的成员之间有很多互教互学的机会。

在一家 IT 公司的研发部门，大家都积极主动开展学习活动。在学习当天，由对本次主题最了解的成员担任讲师，负责授课。

他们中的许多人在学生时代就在 IT 行业某一领域中积累了经验，所以有时刚入职不久的新员工也会担任讲师。

或许这家公司的做法是个例，不过日常工作中"互教互学"的现象非常普遍。

相互传授自己擅长领域的知识，一来学习者可以把这些知识技能变为自己的财富，二来也能让团队更具活力。最重要的是，对讲授者来说，这也是一种学习体验。向他人传授知识，可以把之前不熟悉的东西弄清楚，还能激励他们进一步去深化自己的知识。

坦诚沟通的职场氛围是互教互学的必要条件，互教互学的风气会进一步改善职场工作氛围。

为了更好地开展互教互学活动，团队领导应该首先发声，比如你可以说："小 A，你很擅长这方面的工作，正好小 B 这次负责的业务与此相关，希望你能指导一下他。"

同时，领导也应该找机会让下属教教自己。如果你有"让下属指导我？真是岂有此理"的成见，那就很难打造一个自由且充满活力的团队。

认真听讲，认真学习，和下属说"我明白了，谢谢你"。这会让下属体验到成功的感觉，帮助他在工作中成长。

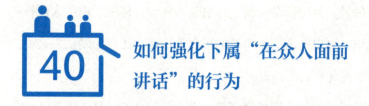

40 如何强化下属"在众人面前讲话"的行为

你稍微观察一下就会发现，当团队成员一起休息或吃饭的时候，总有一些人一直充当倾听者的角色。

他们有的人或许真的"喜欢听人说话"，但在大多数情况下，是因为"在人前讲话"这种行为没有得到强化。

所以我的公司之前制定了一份"聚会话题清单"。这份清单包含了十几个话题，我们会提前把清单发给所有团队成员，在聚餐或团体活动时，从中指定几个话题，比如"今天我们聊第五个到第七个话题"，然后全员依次发言，于是聚会气氛很快就能活跃起来。这样做也有助于培养团队成员之间的默契（图7–3）。

想象一下，当一个老实巴交、平时几乎不说话的人，或者一个刚刚加入团队还很紧张的新员工开始讲起自己小学参

加兴趣班的事情，大家都正襟危坐，津津有味地听他说。他

讲完之后，所有人都鼓掌欢呼，还有人向他发问……

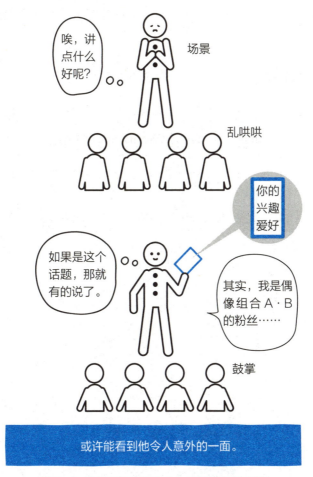

图 7-3　"强化"下属在众人面前讲话的行为

如果每个人都对你的话感兴趣，对哪怕是一个小玩笑也

都给出回应，那么这种"在众人面前讲话"的行为就能得到很好的"强化"。

这样一来，在下次聚会时，你就能比上一次更自信地讲话了。

如此反复几次之后，你就能养成在人前讲话的习惯了。

就在写这本书的时候，我问过我公司的员工，他们说年轻人的聚会和迎新会仍然还在使用这份话题清单。

第 8 章

有的放矢的会议

41 开个会就够了吗

"这么忙，又要开会？真的受够了。"

"我们在这里坐了两个小时了，这种会有什么意义？"

很多公司员工私底下都会有这种抱怨。为什么会议会变成这样？

会议是企业实现目标的一个手段。

如果实现目标所需的条件（比如信息共享等）可以通过会议以外的其他方式来满足，那么就没必要召开会议了。

仅仅因为"周四是例会"，所以大家在百忙之中抽出时间聚在一起，但上司自己却在想"今天的议程是什么来着"。这种"为了开会而开会"的情况并不少见。

毫无意义的会议是浪费时间，应该毅然决然地取消它。如果有必要开会，那你要把怎样实现目标都提前想好，并制订具体的战略计划，比如"从截止日期倒推，我们需要在七月初和八月末召开汇报会"。必要时，甚至可以考虑增加开会的频率。

在企业中，无用的会议永远不会消失，一个主要原因就是我们试图用宽泛的"会议"来解决所有事情。

这样做会妨碍我们的视线，我们看不到应该采取的"行动"，不知道具体要做什么。反过来说，会议目的不清晰导致很多团队领导只要"开了会"就满足了。

本书给出的建议是，按照"目的"的不同，对职场中的各种会议进行分类，并创建一个适合自己团队的会议系统。关于这一点，我们将在下一节内容中做出详细说明。

42 对会议分类并进行整理

我的建议是，根据各种会议的"目的"对其分类，并进行系统性把握，把它作为实现目标的手段，更好地发挥其作用。

例如，团队正在做一个项目，在实现目标的过程中需要召开一些会议，这些会议包括以下几种。

首先，在项目开始时，上司要向下属传达项目的情况和概要，然后根据战略，上司要向下属传达工作指令，告诉他们应该做什么。这些信息的流动方向是自上而下的。

上司要做出工作指示，需要依据来自下属的汇报，他们需要拿到下属在一线获取的信息。这种信息的流动方向是自下而上的。

如果在项目进行过程中出现问题，最好能有一个地方，在那里大家可以畅所欲言，全员共享信息，并进行坦诚交流，甚至有必要让大家集思广益，共同出谋划策。这种信息和意见的交流不是"自上而下"或者"自下而上"的，而应该是全员参与的。

综上，按照信息传递方向的不同，可以将各种会议分为三类。

1. 信息自上而下（Top-Down 型）

领导对下属的工作指示、意思传达、业务联系，以及对公司目标的解释、对项目的说明等。

2. 信息自下而上（Bottom-Up 型）

领导为了掌握一线情况而召开的会议，比如下属根据上司指示做的工作汇报、工作进展情况的确认、市场现状报告等。

3. 信息全员共享和讨论（全员参与型）

打破上下级之间的界限，在扁平化管理下，大家畅所欲言，比如为了解决问题、交换意见、分析信息和出谋划策而召开的会议。

首先，尽可能多地盘点你能想到的会议，包括你的团队日常召开的各种会议，以及那些不那么频繁但必须要开的会议。试着把它们的清单列出来："周一晨会""周三例会""每月两次的销售战略会议""（当感到业绩停滞不前时召开的）临时会议""投诉处理会议"。

接下来，制作一个表格，项目分别是"1. 自上而下型，2. 自下而上型，3. 全员参与型"，把所有会议分门别类地填写到表格中。如果"周三例会"的内容既包括上级的工作指示，又包括下属的工作汇报，那么就在"自上而下型"一栏中填入"周三例会（不定期工作指示）"，在"自下而上型"一栏中填入"周三例会（每次都有下属汇报）"，如表 8-1 所示。

你是否开过既不属于 1，也不属于 2 或 3 的会议？这种会议很可能是开会目的不清晰，只是出于习惯而召开的会议。你要想一想是否真的需要召开这种会议。

将会议分成三大类，可以凸显出每种会议的"目的"，然后你再高屋建瓴地重新分析一下所有会议。

表 8-1　把现有会议进行分类

项目	类别	内容	频率	备注
1. 自上而下型	周三例会（指示命令）	工作指示和命令	有时	
	早会	主要为工作指示和命令	每天	
2. 自下而上型	周三例会（工作汇报）	下属做工作汇报	每周一次	内容相同，需要整改
	每月两次的销售战略会议		每月两次	
3. 全员参与型	头脑风暴会议	企划会	每年两到三次	或许应该提供更多机会去听一下全员的意见

比如，如果在"周一晨会"和"每月两次的销售战略会议"上都做同样的报告，那么最好取消其中一个会议。如果

没有全员参与型会议，那就有必要建立一种机制，让团队成员可以积极交换意见。当然，这种机制不一定是会议。

要使会议更具战略性，下一步就要详细确认会议运作的关键要素。这些要素包括：会议主席、座位安排、是否需要提前做准备、材料工具和会议时间等。

如果我们从这三类会议各自的"目的"着手，便能很自然地找到这些要素。

例如，一般来说，在座位安排方面，类型1中上司和下属可以采用"教学型"，就像学校老师和学生那样面对面就座；类型2中如果使用投影仪或白板，则采用"U字形"；类型3采用"口字形"，这样可以让每个人都能看到其他人的脸。

在会议主席方面，类型1可以由团队领导自己担任，类型2可以选择资深员工担任，类型3可以全员轮流担任。当然，也可以根据团队成员的构成和领导者自己的想法来变动。

应该事先确定好会议的时间分配。例如，每月一次的汇报会可以"领导致辞3分钟 / 销售业务汇报每人1分钟 × 人数 / 答疑10分钟 / 与总务科的联系3分钟"。

如果在会议之前就通过口头传达或在白板上写下来的方式把议题通知下属，那么所有与会者都能专注于这个话题展开讨论，原本耗时较长的会议就变得活跃且高效。

也许有人会问"真的需要连这种细节都考虑到吗"，我想说的是，一旦你将会议分解成几个组成部分，再将它们一个个具体展开，你就能不浪费时间精力，高效举办会议，实现团队的目标。

请给现有会议分类，取消那些浪费时间的会议。

类型 1
自上而下型会议的关键

这种会议的目的是传达工作指示，包括你向团队成员传达上司的想法、公司战略，指挥下属开展工作，或者向下属传达与其他部门的联络事宜或各种决定等。

在任何情况下，都要尽可能避免使用抽象的表达方式和模棱两可的语言，要传达得非常具体才行。

指示和命令的目的是"让下属去做你希望他们做的事情"，因此你必须告诉下属具体应该怎样做。

难得大家聚在一起开会，你可能有很多话想说。但在一次会议上，你最多只能说三件事。如果一次说四件或四件以上的事，下属会难以接受，所以一次最多讲三点。

一开始你就把会议框架告诉他们，比如"今天我要讲ABC三件事"，那么下属就会各自先在脑海中建立起三个框架，边听边把你讲的内容放入这三个框架中。

这样做有助于加深下属对会议内容的理解。

在这类会议中，需要提前做准备的是在会议中发言的领导。

如果你想到什么就滔滔不绝地说起来，下属肯定摸不着头脑，心里想的是"领导到底想说什么啊"，因此你必须把讲话要点提前总结好。在工作指令方面，你必须在开会之前就想好接下来你们要采取的具体行动，这样才能下达详细指令。

如果同一个会议中既有自上而下的传达，也有来自下属的工作汇报，那么我建议在会议中途稍事休息，将这两种类型的会议间隔开来。这样，下属就可以明确区分"接收"和"传达"信息的时间，让头脑顺利切换。

类型 2
自下而上型会议的关键

自下而上型会议有多种目的，它旨在了解下属工作进展情况，检查下属是否执行了工作指令，甚至考察高层制定的战略与项目实际实施情况及需求是否相符，等等。

在这类会议上，最糟糕的情况就是只让下属汇报，而上司不给任何反馈。

如果做一件事可以为自己带来好处，那么他下次会主动再做这件事，这是人类行为的准则，所以对于下属"汇报工作"这一行为，你必须让他从中得到好处。

如果下属告诉你，他按照你说的做了，实现了既定目标，那么你要表扬他；如果这份工作报告为你提供了有用的信息，那么你要好好表扬这份报告。

如果下属汇报的是不好的消息，比如告诉你"工作没做好""竞标失败了"，那么无论如何，你要先肯定他向你汇报工作的这种行为。不要不分青红皂白地发火。那样的话，下属今后便不愿意再向你汇报了。

先表扬他敢于汇报的行为，然后领导给下属出主意，帮助他把没做好的工作做好。下属得到了领导的指点，这对他来说就是好处，这样一来，"汇报工作"的行为就得到了扎实的"强化"。

如果下属汇报完之后，领导一时很难给出反馈，那么就以后找机会把自己的想法和建议告诉他，但是绝对不能没有任何反馈。

其实，如果领导要从下属那里获取信息，和下属开个短会就足够了，不必大费周章地全员开会。那么我们为什么要把所有人都召集起来，让他们汇报工作呢？

其实这样做的最大好处是可以共享成功案例，换句话说，团队成员可以向优秀员工或者工作做得好的员工学习，看看他们采用的是何种做事方法和技巧。

因此，如果下属的报告不够具体，你可以进一步追问他："你觉得把这件事做好的关键是什么？""在写企划书的时候你参考了什么资料？"

正因为在会议上大家相互汇报工作，所以当听到别人的汇报时，他就会想起来"哦，这样说起来，我的客户还说了这样的话"，然后马上告诉大家："刚才我忘记说了，客户还说过这句话。"像这样，会议中所有人都能畅所欲言，团队领导一定要维持这样的会议氛围。

如果领导总是抓住下属的缺点不放，会让会议充满紧张气氛，这样就会错过下属汇报的重要信息了。

毋庸置疑，在类型2会议中，必须提前做准备的是需要在会议上汇报工作的所有团队成员。

团队领导要提前告诉下属具体要汇报什么。能否做到这一点，在很大程度上决定了汇报的准确性和质量。

类型 3
全员参与型会议的关键

全员参与型会议多是"群策群力解决问题""思考新的企划""决定团队发展方向"的会议，这类会议主要存在两个问题。

第一个问题是白白浪费时间，却没有得出结论；第二个问题是团队成员沉默不言。

花了时间却没有得出结论往往是因为与会者没有很好地了解会议目的。这样一来，他们的讨论就像迷失在森林里，毫无章法和头绪，不仅如此，还会有人提出一些完全错误的想法。

为了避免出现这种问题，上司一开始就要用所有人都能理解的讲法，具体说明会议的定位、要完成的任务。如果会议要分多次进行，上司还要给出最后的截止日期。

在会议中最好使用白板或者类似工具，方便每个人都能随时了解会议内容。这类会议的重点是收集到更多的意见和想法。

因此，针对下属的发言，上司千万不要给出负面评价，比如"这种方案不行""你究竟有没有好好想"。无论如何，要鼓励他们多想多说，这就是全员参与型会议的目的。

作为上司，你也可以告诉下属你具体想让他们怎么做，比如"在有人发言后，其他人一定要鼓掌""每个人至少想出两个方案""这次我想听听年轻人的意见，老员工不要发言"等。

如果让团队成员担任会议主席，你可以就这一点与他提前沟通好。

如前文所述，会议上最重要的是积极交流意见，因此在前期阶段最好通过电子邮件或书面形式给成员分发材料，做到材料共享，并让大家提前阅读。这样一来，会议一开始大家就可以相互交换意见了。

当然，你也可以单独召开一次会议来分享一些工作信息。作为团队领导，你一定要保持清醒的头脑。

能做好自我管理的人才是真正的领导者

这里我们来谈谈团队领导的自我管理问题。

未来几年，日本国内市场会不断缩小，全球竞争将日趋激烈。尤其是各位团队领导，要想生存下去就必须培养自己的能力，实现自我成长。

为此，一定要做好自我管理。

首先要管理好自己的身体，如饮食、睡眠和运动锻炼等。

健康问题是自我管理的一个非常重要的方面。当然，你还要掌握英语和计算机技能（至少要会做 PPT 材料），另外还要通过读书（如商业书籍）来提升自己。

其次，时间管理也很重要。

做不好时间管理，就无法成为真正的领导者。"我太忙了，没时间照顾自己"，这种话只是借口而已。

维持这种自我管理的关键是打造一个有效机制，不因为"有动力或者没有动力"影响你的行动。

一个有效的方法就是"行为科学管理"，即设定具体的"行动"目标，计算行动次数，如果完成了该行动，则给予表扬。

在个人的健康管理方面，我使用一款健康手环来记录生活中的各种数据，把它戴在手腕上，与苹果手机应用程序配合使用，可以记录睡眠、运动和饮食情况。它会自动记录你睡了多长时间，其中有多久是深睡眠，多久是浅睡眠，你一天走了多少步，等等，如图 8-1 所示。有了这种设备，你就不会觉得健康管理太麻烦，无法坚持下去（在饮食管理方面，可以用手机拍照做记录）。

正如我在文中所说，你想多做一些什么行动，或者想把什么行动保持下去，就一定要记录好行动的次数，这也是行为科学管理的一个关键点。

例如，我在讲到职场沟通时说过，记录好行动次数，你就会发现"咦，我最近和小 A 交流得比较少啊"，这样你就会有意识地多找他交流。

自我管理同样如此。当你发现"今天到目前为止我只走了 4000 步"时，你就会更积极地行动起来，再多走一些。

总之，测算和记录非常重要。但是如果记录方式很烦琐的话，你可能很难坚持下去，所以我建议你使用这种非常方便的健康手环和手机应用程序。

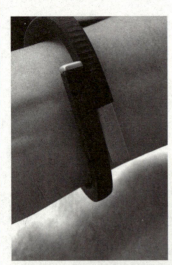

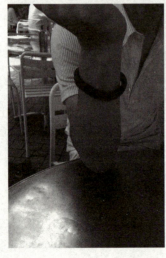

我的健康手环，和苹果手机搭配使用，非常方便。

图 8-1　健康手环

自我管理一定会提高你的领导能力。

如果之前有没能坚持下去的事，在读过本书之后，你可以重新尝试做下去。

结　语

"我和他打招呼，他却视而不见，他该不会讨厌我吧？"

"他不听我这个领导的话，肯定是看不上我。"

你是否也这样担心过自己与下属的关系？

但实际上，大多数情况下，下属并没有无视你，只是碰巧没有听到你叫他而已，是你自己在庸人自扰。

有的人习惯凡事都往坏处想，他们中的大多数人都有"思维定式"。在心理学中，这被称为"认知扭曲"。心理学家大卫·伯恩斯（David Burns）将其分为10种类型，具体如表9-1所示。当你发现自己对下属的行为耿耿于怀的时候，你可以检查一下自己的认知，看看哪里出现了"扭曲"。

然后，你要多与下属交流。于是你就会发现，原本认为的"下属不喜欢自己""轻视自己"，其实只是杞人忧天而已。

前几天，在为企业高管们举办的一场研讨会上，我让他们数一数一个月内和下属说话的次数。其中一位与会者说："我有一个下属，我一直觉得他很自大，很难相处，但是我为了计算与他交流的次数，特意多找他说话，结果我发现他的性格很好。如果我能早点和他聊聊就好了。"这样的案例应该还有很多。

表9-1 认知扭曲的 10 种类型

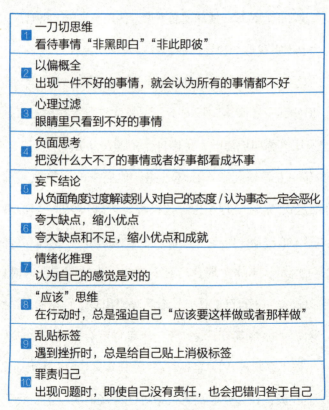

1	一刀切思维 看待事情"非黑即白""非此即彼"
2	以偏概全 出现一件不好的事情，就会认为所有的事情都不好
3	心理过滤 眼睛里只看到不好的事情
4	负面思考 把没什么大不了的事情或者好事都看成坏事
5	妄下结论 从负面角度过度解读别人对自己的态度 / 认为事态一定会恶化
6	夸大缺点，缩小优点 夸大缺点和不足，缩小优点和成就
7	情绪化推理 认为自己的感觉是对的
8	"应该"思维 在行动时，总是强迫自己"应该要这样做或者那样做"
9	乱贴标签 遇到挫折时，总是给自己贴上消极标签
10	罪责归己 出现问题时，即使自己没有责任，也会把错归咎于自己

注：关于这 10 种类型的详细解说，可参考伯恩斯的著作，也可以在网上查阅相关信息。

在本书中，我们谈到，团队领导与下属一起朝着目标努力时，"信任感"是非常重要的。

彼得·德鲁克（Peter Drucker）在《管理未来》一书中写道："信任领导者并不意味着喜欢他，也不意味着总是与他意见一致，而是你相信领导说的是事实，这是对'真诚'这一老派作风的信任。"

关键是要以诚心对待下属，认为"下属应该主动找上司说话"的想法是无稽之谈。

上司要主动打招呼，主动与下属交流，抽出时间与下属见面，请下属吃饭……你可以从这些简单的沟通开始。

我希望本书能帮助你先"行动"起来，提高你的"上司力"[①]。它也一定会让你的团队和你自身充满活力。

我衷心希望你能够在培养下属的过程中收获喜悦和成就感。

最后，我要感谢木村美幸女士在本书出版过程中的大力协助，还要感谢神吉（KANKI）出版社的谷内志保先生。

---

① 该词语指的是上司符合这一角色的程度，即身为上司的能力，包括领导能力、沟通能力等。——译者注

　　我还想借此机会向所有为了下属成长和团队建设而选择本书的读者表示深深的谢意。

石田淳

参考文献

『行動分析学入門』杉山尚子、島宗理、佐藤方哉、リチャード・W・マロット、マリア・得・E・マロット著／産業図書

『パフォーマンス・マネジメント―問題解決のための行動分析学』島宗理著／米田出版